AMICA

UN VOYAGE DE JEAN

GIRAUDOUX ILLUSTRÉ

PAR LES DESSINS DE

MAXIME DETHOMAS.

SE VEND CHEZ ÉMILE

PAUL FRÈRES A PARIS.

AMERICA

AMICA AMERICA

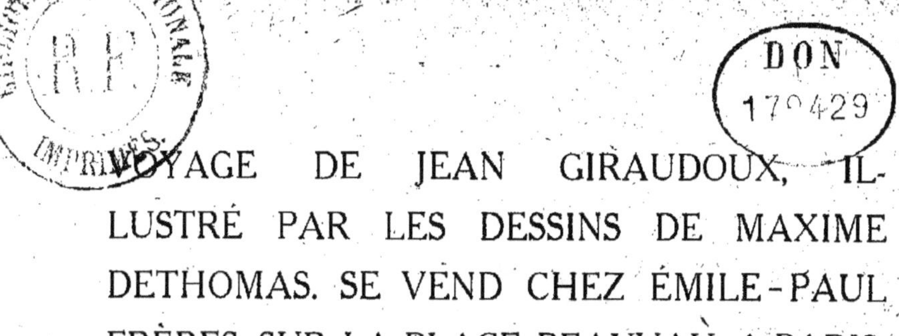

VOYAGE DE JEAN GIRAUDOUX, IL-
LUSTRÉ PAR LES DESSINS DE MAXIME
DETHOMAS. SE VEND CHEZ ÉMILE-PAUL
FRÈRES, SUR LA PLACE BEAUVAU, A PARIS.

TABLE DES CHAPITRES

PROLOGUE

C'était le samedi matin. De chaque estuaire de France s'élançait vers l'Amérique, du milieu exact du fleuve, comme d'une couleuvre sa langue, un beau steamer et son sillage. Le phare blanc acceptait tous les rayons et tous les regards qu'il renvoie la nuit colorés. Notre navire tirait derrière lui la nappe étincelante de l'eau, habile et sans renverser un seul des objets en équilibre sur le fleuve, bouées, bateaux et mines. Le dirigeable de l'escorte au-dessus de nous, nous

A

2 voyait enfin étendus sur nos chaises, face à lui, et même le visage ensoleillé; et il devait nous quitter, c'est la vie, au moment juste où il aurait pu nous comprendre. Le soleil était si éclatant au-dessus de la France, qu'à part une femme aux yeux protégés à la fois par des jumelles, des lunettes noires, des larmes, il fallut renoncer à la voir disparaître. Déjà chaque passager était doublé d'un de ces compagnons de traversée que la Compagnie dispose par avance dans le bateau, en nombre égal au nombre des voyageurs, et qu'après l'arrivée jamais l'on ne revoit. Le mien s'appelait Bordéras, et toujours, quel que fût le sujet de vos pensées, il parlait du sujet contraire :

— Que les couchers de soleil sont beaux sur la mer, était-il en train de me dire.

D'ailleurs, le coucher du soleil vint aussi. De grandes vagues plates se succédaient, pourpres ; l'angle de l'une se recourbait soudain, une page était cornée pour nous dans un livre encore inconnu. Le mousse lavait les bouées ; on pourrait les jeter aux noyés sans se salir les mains. A la place exacte où se croisaient le reflet du soleil et l'onde de la T. S. F., l'opérateur illuminé notait la hauteur de l'Alpe escaladée la veille par les Italiens. Puis les oiseaux de mer se couchaient dans la mer. La femme en pleurs s'attristait d'apprendre que, pour la première fois depuis son lancement, le bateau n'avait pas d'enfant à bord, et soudain s'en réjouissait. Le mousse quêtait par ordre les cigarettes allumées, les jetait par dessus le bastingage, et signalait aux

marins le mégot du capitaine, qu'on pût suivre des yeux un 3
long moment. Pour masquer toute lumière on avait retrouvé
dans quelque chantier les ronds de tôle découpés jadis dans
le navire pour faire les hublots, dans un autre navire sans
doute, car les femmes de chambre les ajustaient difficile-
ment, debout sur notre valise neuve. Au salon s'assemblaient
des ombres hostiles, attirées par l'idée du bridge, — une
dame, avec d'énormes yeux dont elle n'abaissait jamais les
paupières, quelque espionne, — et l'Américain à l'index
coupé jouait *Tannhäuser* sur le piano qui semblait avoir
perdu une note.

— Les chevaux pie portent malheur et non bonheur,
disait Bordéras; et il m'en expli-
quait la cause.

Puis d'autres jours passaient.
Le jour où nous étions au large
des Açores, et l'on vit flotter des
herbes, une table : au large de
Terre-Neuve, il en vint une
tortue. En face du Pôle même, et
la dame aux yeux ouverts vit
dans la même heure un poisson
volant, un requin, un corsaire.
Les dernières lettres reçues au

départ, sur le quai de Bordeaux, se recouvraient peu à peu,
par-dessus l'écriture anglaise adorée, des comptes au crayon
du jeu de tonneau. Les kodaks, qui portaient au départ

4 sur leur film entamé deux ou trois clichés de Carency, de Reims, photographiaient le canon de l'avant le matin, le canon de l'arrière le soir, et gardaient une plaque pour l'arrivée à New-York. En France, nos parents vivaient maintenant en retenant leur pensée, car ils ne pouvaient recevoir de nouvelles avant l'autre semaine que si nous étions morts. Sur notre grand bateau rouleur qui recevait les messages sans jamais y répondre, s'amassait comme autrefois, au temps sans télégrammes, une rouille, un secret. Seule, chaque soir, après avoir lu le communiqué, la dame se précipitait à son bureau et répondait par lettres. Quand une fumée s'élevait à l'horizon, deux rayons argentés bougeaient à la proue et à la poupe, c'étaient les canons qui tournaient sur leur pivot. Un grand charbonnier nous croisa, lent, usant son charbon avec avarice, usant le plus mauvais, fumant noir, un marin, un seul marin accoudé sur le pont et qui ne nous fit aucun signe. Les vents s'étaient calmés et les nuages s'entassaient par paquets à quelques mètres du cube d'eau dont ils étaient nés. Les vents se déchaînaient, et le commandant, pour faire le point, mettait son navire en travers de l'Atlantique. Bordéras me parlait des chats et de leur fidélité. Puis la nouvelle arriva que l'Amérique déclarait la guerre à l'Allemagne ; on vit cinq passagers en complet de voyage descendre au galop dans leur cabine, tirant sur leur cravate, et remonter en uniforme : c'étaient les officiers de ma mission.

Or, il y avait à bord notre plus grand philosophe, qui 5
allait à Washington, aidé de notre plus grand physicien,
poser sur des mots choisis par Wilson les immenses colonnes
d'air qui sont sur les mots français. S'il survenait un torpil-
lage, le hasard voulait que nous montions sur le même canot.
C'était à moi de le réchauffer, de lui donner ma part d'alcool.
Si la barque coulait, c'est moi qui soutiendrais une minute
encore sa tête au-dessus d'un gouffre. Nous coulions l'un
avec l'autre. La première lueur aspirée par son âme libérée
était mon âme, et j'en étais le premier aliment dans le stade
où elle égalerait peut-être Dieu. Tous les après-midi, il
sortait de sa cabine, sous un faux-nom, — le même toujours,
sachant quelle médiocre continuité nous infligeons aux
êtres, — mais me saluant chaque fois d'un nom différent,
par je ne sais quelle flatterie. Etendu près de moi, il dilatait
devant une mer entière la pensée conçue le matin par le
hublot, il étalait et repassait de la main un papier roulé.
Parfois, il prenait un crayon, il écrivait ; et deux plans du
monde par ce seul geste étaient pour moi fondus. Il cessait
d'écrire, et le ciel ne s'appliquait plus contre la mer.
Parfois, comme un poète s'amuse en plein soleil à regarder
fixement les yeux d'un hibou captif, il regardait, sans le
savoir peut-être, au fond de mes yeux. J'y laissais cette
petite Idée nue qui les habite, mais d'ailleurs il ne voyait
rien, et moi j'apercevais, dans les siens, sinon l'âme de sa
pensée, du moins sa forme même, son spectre, matériel,
fluide, presque aussi matériel qu'un regard, — mais après

6 tout un philosophe est un homme. Parfois, à d'imperceptibles signes, je le sentais se loger et se complaire une minute, comme les archéologues s'étendent dans un tombeau grec  pour voir la longueur des morts grecs, dans une pensée creusée par d'autres. Parfois, le soleil l'atteignait à la seconde exacte où deux pensées en lui se choquaient, il s'étonnait d'être pour la première fois, par ce choc, inondé de chaleur. Il se croyait seul, mais je surveillais, je concevais chaque mouvement et chaque glissade de sa pensée, je n'en éprouvais que le vertige physique, mais comme le roitelet caché sur la tête du plus grand des oiseaux, sans voler, sans penser, j'arrivais dans son monde même une ligne au-dessus de lui.

Etendu le premier, j'avais chaque jour à défendre contre Bordéras, sans qu'il le sût jamais, sa chaise longue et sa couverture. Une seule fois, Bordéras s'attardant, il fut obligé de tourner autour du navire, et commença l'après-midi par le paraphe qui la finissait d'ordinaire. Mon silence au début lui plaisait, puis l'inquiéta, et pour s'en libérer, il voulait m'adresser la parole. Tout un lundi, tout un mardi, je le vis chercher un prétexte... En vain... Avant de s'asseoir, il me regardait, il me visait; mais le cœur d'un homme, de haut, est un terrain d'atterrissage si étroit. Le jour où je me mis 7 en uniforme, il lut tout haut le numéro de mon collet, et ce fut par les chiffres, puisque les mots se refusaient, qu'il put me saisir enfin ; ainsi Pythagore parvint, avec sept chiffres en plus, à saisir le monde. Il me demanda si j'avais connu Clermont, adjudant dans ma brigade, son élève.

— J'avais connu Clermont. Nous étions amis. La semaine avant sa mort, je l'avais même rencontré, au repos, surveillant les exercices sur des champs labourés. Il m'avait crié au revoir, et était parti, suivant son commandant dans le même sillon, s'écartant de moi par la ligne la plus droite, posant ses pas minuscules avec précautions dans les larges empreintes du commandant, et tous les huit jours avant sa mort, jours de boue, il put rester propre, mais il ne laissa point de traces à lui.

Il voulut savoir si Clermont avait souffert, qui détestait le froid, qui se chargeait de diriger le poêle au Collège de France.

— Il gelait. Nous gelions. Pour que nous puissions entendre les balles, on nous confisquait nos cache-nez. Pour que nous n'ayons pas le tétanos, au cas où les balles nous traverseraient, on nous interdisait nos peaux de bique. Comme nous tous Clermont réclamait l'été, quand le général nous ferait combattre tout nus, sans doute invulnérables.

Et les combats d'aéroplanes, en avais-je vu ?

8　— Quelquefois. Nous nous enfoncions dans la sape pour
les voir plus distinctement. Au-dessus d'eux, en plein jour
on apercevait des étoiles. En septembre, un avion français
avait été abattu juste devant notre ligne. Clermont, les autres sergents de la compagnie, le lieutenant, nous avions
fait le serment de ne plus nous baisser de l'après-midi.
Nos mères auraient été tranquilles, ce jour-là, si elles avaient
été au courant...

Il me questionna encore.

Mon langage le surprenait un peu. Il le trouvait, non,
il ne le trouvait pas tout à fait sympathique. Il eût
préféré, chez un soldat, plus de gestes. Il ne savait pas
que nous, lieutenants, qui vivons avec nos hommes,
chaque fois que nous leur parlons, nous devons penser
que c'est la dernière phrase qu'ils entendent ; malgré
nous elle ressemble à la première que nous leur donne-
rons après leur mort ; en sorte que notre voix est mate,
notre pensée gonflée, et nous ne disons jamais rien, dans
nos escouades, qui ne puisse être entendu et compris par
une ombre.

Il n'était pas le premier à s'en étonner. Souvent nos
colonels, guidés dans la tranchée par un chef de section
inconnu, surpris de sa parole sans argot, de ses pensées
sans haine, le ramenaient au camp d'instruction et l'y char-
geaient de faire les conférences sur la discipline, sur les
fusils lance-grenades ; des ombres elles-mêmes eussent aimé,
l'écoutant, se ranger par sections, appuyer leurs grenades,

ombres qu'elles étaient, sur leur tromblon et rêver. Mon 9
philosophe étendu sentait que mes paroles touchaient une
part de son âme ; il ne savait laquelle ; il ramenait sa couverture sur lui, pour contenir le doux esprit qui la soulevait.
Sans qu'il s'en doutât, il me suivit chaque après-midi,
entre trois et quatre, dans ce domaine à demi souterrain
qui est mon royaume ; ne me parlant que des élèves tués,
des poètes tués, et il parcourut avec moi ce monde d'amis
pétrifiés, dispersés par les vents, embaumés, amincis, chacun de si loin grand sans raison ou minuscule, entre lesquels, ô femmes, je lui montrai que vous circulez toutes
encore, avec votre vraie grandeur, avec votre corps vivant
qu'on incline sur les grands blessés dans les gares, — on
se hâte, — pour qu'ils reprennent dès qu'ils ouvriront les
yeux notion de la taille moyenne des êtres et fassent juste
l'effort, pas plus, qu'il faut pour vivre...

C'est ainsi que j'eus pendant une semaine, une heure
par jour, sur un bateau de tôles chargé d'acier, un dialogue avec l'ombre de Bergson.

Puis la mer se peupla.

Tout ce qui s'était amassé en bloc au-dessus de nous,
le temps, la semaine, s'effrita, et il tomba un soir sur le
pont une nuée de petites nouvelles américaines. Les
navires venant de France, sans lest, laissaient à peine

10 une trace. Les bateaux de New-York, combles, traçaient un long sillon. Au-dessus de la corde qui sépare les premières des secondes, une jeune Française et un Américain se disaient adieu, et rentraient l'un au cœur de la richesse, l'autre au cœur de la pauvreté. Ceux qui savaient que Joffre allait bientôt venir, parfois se retournaient. Puis un jour, où, hélas, je ne pus être rasé, — car le capitaine de la *Sylvie*, coulée en Grèce, qui allait chercher le *Bacchus* à Détroit, se faisait couper les cheveux, les favoris, la moustache, la mouche et la barbe, — comme une de ces dalles enchantées sur la terre, avec un gros anneau, par où l'on arrive aux antipodes, une énorme bouée rouge parut, fixée sur la mer plate, qu'on souleva, et ce fut l'Amérique. Le bateau poste déjà nous harcelait, et nous écrivions lentement, pour qu'il ne les emportât pas, les lettres qui devaient rester à bord et revenir en France. Sur le remorqueur, à la place où je l'avais laissé voilà dix ans, Jérôme Greene nous attendait, se levait quand un navire ne passait pas dans le voisinage, et je montrais son canot aux commissaires du port qui voulaient savoir où j'allais, en Amérique. Puis un nuage s'éleva, qui était Long-Island. L'Américain au doigt coupé me désignait du pouce l'échancrure du nuage où il se baignait, la voussure du nuage où un chanteur de Honolulu avait joué avec les pieds sur son piano... puis New-York apparut ; de gigantesques cubes d'ombre rangés parmi des cubes de lumière plus gigantesques encore bornèrent l'horizon, les bâtiments vieux de plus de dix ans à côté de

ceux de cinq ans, et, dominant, plus blancs que la lumière
même, les édifices de l'année étincelaient. Bordéras tout
joyeux me serrait les épaules, tendait la main vers eux :
— Vendôme ! criait-il, Vendôme !

DISCOURS DANS LE MASSACHUSETTS

La nuit tombait. Au milieu des acclamations, de vieux messieurs les yeux en pleurs ont retiré par la main chaque officier français du navire, impatients mais cependant sans le hâter, pour qu'il restât au centre de son cercle de lumière, car un projecteur accompagnait chacun de nous. Nous avons émergé de notre vieux et sombre continent éblouis, comme d'une tranchée, — le commandant un peu moins car il avait un projecteur vert, — et maintenant, clos dans nos Cercles où les

14 hommes seuls pénètrent, nous vivons hors de toute atteinte
féminine. Les attentions qu'en France les femmes ima-
ginent, des hommes les ont pour nous, et les vieillards
celles des petites filles. Ce n'est point la femme du banquier
qui m'éveille, la femme de l'évêque qui me borde, c'est le
banquier lui-même, c'est l'évêque. Si nous ouvrons notre
porte un peu vite, un professeur à cheveux blancs, surpris
à y clouer une cocarde, s'enfuit désolé par la fenêtre et par
les toits. Ou bien ce sont les chirurgiens qui, chaque matin,
nous offrent, comme un miroir à leur malade, des illustrés
où nous voyons nos portraits, blâmant sévèrement ceux où
nous sommes maigres. Ou bien c'est un vieux colonel qui
nous envoie par amitié les photographies historiques de
sa vie, et sur l'une d'elles, car il fut champion de nage, il
est nu. Chacune de nos chambres est dédiée à une promotion
de l'Université ; j'habite par hasard la chambre 1888,
et tous ceux qui passèrent leur examen cet été-là, où justement je naquis, ont le droit d'entrer me voir sans s'annoncer, amenant en fraude leurs amis qui échouèrent. Le
soir, chaque soir, banquet. Du perron, un hôte s'avance
vers chacun de nous, s'incline, et nous montons par couples
à la salle des fêtes. Le commandant donne le bras au Président ; pour notre capitaine qui a deux mètres, on a mandé
par télégramme du Canada le membre le plus haut du Club
(comme on compte ici par pieds et par pouces, on n'arrive
pas à savoir quel est le plus grand des deux); et, pour le
dernier officier, pour moi, le Bostonien réputé dans le cercle,

— quel qu'il soit, on lui doit aujourd'hui ce triomphe, — 15
pour aimer la France avec le plus de passion. C'est un colosse
à front têtu, trapu : sous ma main son bras tremble. C'est
un petit homme timide, bouleversé, qui doit prononcer un
discours, que deux amis géants rattrapent comme il se
dérobe, soulèvent, et m'apportent tout droit, pour ne pas
troubler ses idées et ses mots, comme une bouteille de
vieux whisky. C'est un avocat, un géographe, un professeur ; il voit la France comme la perfection de son métier,
comme un discours sans paroles, comme un pays étendu
sur quatre couches de même épaisseur, comme un enfant
portant son âme. C'est un orfèvre : la France est un gros
diamant, et son œil étincelle.

Nous montons. Les jeunes gens s'écartent, même de moi,
qui ai leur âge, et la jeunesse chez un Français leur paraît
une qualité antique et stable, comme chez d'autres la beauté,
la bonté. Sur chaque marche le magnésium éclate, l'air
américain grésille ou flambe sous ces premiers éclats de la
guerre d'Europe. Les pères, les oncles touchent notre sabre,
notre médaille, tout ce qui est de métal dans ces gens d'une
autre planète, la main de fer du commandant, puis sa
seconde main qui est de chair ; et leurs yeux se mouillent.
Du premier, les vétérans en costume nous jettent des iris
bleus ; — on croit là-bas que l'iris est notre fleur nationale, et
les morts de l'Indépendance seuls nous ont offert ce matin au
cimetière, sur leurs tombes, de vraies fleurs de lys ; les
morts savent tout... Un iris atteint mon guide au visage.

16. Il frémit comme le héraut du prince de Galles, du roi d'Angleterre quand l'effleurent trois vraies plumes d'autruche,
une vraie licorne ; il me serre la main, il me dit : — Je vou-

drais... je voudrais que les avions allemands bombardent
enfin nos villes !

Voici le hall. Les tribunes sont bondées et toute la ville
veut nous voir dîner, au centre, sur notre estrade. Seuls
nous avons des coupes, car l'Etat est abstentionniste, et
l'on amoncelle à nos trois places ce pain et ce vin dont se

nourrissent les Français. Chaque fois que nous portons un
verre à nos lèvres, selon qu'il est blanc ou rouge, nous
sourient, — chez nous c'est un usage, mais chez eux c'est
l'instinct, — tous les blonds ou tous les bruns. Chacune des
immenses baies, car c'est la salle des concerts, porte l'écus-
son d'un musicien allemand. Dans la baie Schubert, la plus
lointaine, s'est réfugié l'orchestre, qui ne jouera ce soir que
des morceaux à solos de flûtes, car les flûtistes de l'univers
entier sont Français. Dans la baie Mozart, juste en face, à la
distance type d'où les millionnaires écoutent et voient le
monde, les banquiers et leurs familles ; ceux qui ont un nom
ou un ancêtre français, et qui agitent les mains vers nous,
qui rient plus fort, comme si nous devions reconnaître leur
parenté aux ongles, aux dents ; ceux qui s'appellent Schmidt,
Mayer, Meyer, que leurs filles mariées plaisantent et qui
tirent des cartes de visite où ils ont fait graver pour ce jour-là
leur surnom seulement, Teddy, Billy. Dans la baie Schumann, un visage étincelant de jeune femme, qui se trompe
d'ailleurs, qui, au lieu de regarder, écoute, qu'on appelle
de la salle, qui n'entend rien. En bas, réunies, voilà les
familles des étudiants tués en France, oncles, tantes, cousines les plus éloignées en deuil, — les parents, orgueilleux,
en toilette. Voilà ce vétéran de l'Oklohama qui s'est rendu à
pied à toutes les guerres, à la guerre de Sécession, à celle
d'Espagne, du Mexique, arrivé du matin à la guerre allemande. Voilà les étudiants de l'Equateur à Harvard, ceints
de l'écharpe bleue qui flotte, les jours de fête, à peine de

B

18 biais, sur l'Equateur lui-même. Voilà l'auteur célèbre de *Jours paresseux en Patagonie,* qui s'agite, enjambe des bancs, les renverse avec leurs dames. Voilà tous les enfants riches mal élevés — les autres sont couchés — qui regardent sans dire une parole, tout droits, sages, tendres. Voilà, — de quelle baie, de quel désespoir allemand s'échappe-t-il ? — un oiseau qui traverse la salle sans hésiter, d'un maître à un maître connu, et il effleure mon voisin qui en profite pour me dire :

— Je voudrais de petites Américaines crucifiées, de petits corps éteints dans des robes toutes fraîches. Leurs pères pacifistes les secouent, et enfin comprennent !

De tous côtés, écrites, orales, arrivent les questions, car chacun des plis, des numéros, des lisérés de nos vareuses est une énigme. On étudie notre uniforme, à nous sortis de la guerre, comme on étudia à Paris le visage du premier soldat sorti de la bataille. Jamais feuille cornée dans un livre n'intrigua plus que mon col rabattu, le seul de la mission : ai-je reçu une balle au cou ? Ai-je servi en Egypte ? Est-ce de la fantaisie ? Suis-je un fantaisiste ? Qu'ai-je sur moi qui soit allé à la guerre ? Mon briquet ? Tous lèvent la tête, éteignent leur cigare, et s'en allument un nouveau à cette balle allemande qui passe, apprivoisée. Voilà les délégués de la ville qui adopta Péronne ; ils ont des cartes de Péronne, des plans, des photographies ; mais ils voudraient savoir d'un Français même si leur filleule — tout d'ailleurs serait racheté par ses souffrances — était une ville aimée en

France, ou détestée, ou seulement indifférente. Je les rassure ;
bien que du Centre, j'adorais Péronne ; je croyais même que
Jeanne Hachette y était née ; je le leur révèle ; — ils s'en
vont heureux. Voilà les cent visages un peu tristes de ceux
qui ont juré de ramener pour le dimanche un officier français à leurs femmes et à leurs enfants qui préparent déjà leurs
meubles anciens et leur coq de bruyère apprivoisé, — mais
déjà ils n'espèrent plus. Voilà, qui me sourit, le pasteur
d'Amérique qui parle le mieux de la Mort. S'il parle de la
Mort, ses paroles deviennent on ne sait quels papillons
vivants, qui se posent sur les auditeurs mortels, non sur leur
corps mais sur leur âme. On sent l'âme onduler, fléchir.
Il va parler tout à l'heure, et vous aurez son discours. Il me
fait des signes, qui se posent sur mes prunelles...

Le dîner s'achève. On distribue les éphémérides de la
guerre que tous les membres du Club ont réclamés. Désormais
ils sauront enfin à tout heure ce que les Français, tous
ensemble, ont fait voilà juste un an, voilà deux ans. Mais
déjà cela ne leur suffit plus : ils veulent apprendre ce qu'a
fait chaque Français à chaque heure, ils interrogent chacun
de nous, à brûle-pourpoint, comparant les réponses. Que
faisions-nous le 3 avril, le 15 juin ? Parfois, sans qu'ils
s'en doutent, ils atteignent un de ces jours sensibles que
l'on tait, ils enfoncent dans notre cœur même, comme le
douanier sa pointe dans la caisse où se cache un homme.
Parfois un jour qui n'a pour anniversaire, dans ces trois
années mêmes, que des jours de repos et de paix, et ils

20 passent un peu désappointés le bras à travers toute ma guerre. Mais aujourd'hui ils tombent bien, et j'avoue tout, et j'ai des raisons aussi de m'en souvenir :

— Voilà un an? insiste l'orfèvre.

— Un an? Quel jour c'était? C'était le jour le plus long de l'année. Ma fête allait bientôt venir, tout en haut du printemps, comme un portrait cloué au-dessous, juste au-dessous de la frise. C'était un jour où se baignaient une lune et un soleil tous deux entiers. Un soleil allongé, transparent, — je le reconnaîtrais, si je le voyais, — percé de part en part par ses propres rayons. Soudain, le vent se leva, puis la rafale, un objet me frappa au visage ; pas de sang, ce n'était pas une balle : c'était une carte de visite, je la ramassai, je lus le nom : c'était la carte de mon lieutenant disparu depuis deux mois, que nous croyions depuis deux mois en France, jouant au jacquet, qu'il adorait. Le crépuscule vint ; avec son ancien ordonnance, je me glissai devant les lignes et il était là, à demi enterré ; l'ordonnance le reconnut à ses jambières neuves : de ses poches coupées par un rôdeur tombaient des lettres, et une autre carte de visite, toute prête à m'appeler au prochain ouragan...

Il se tait.

— Voilà deux ans?

— Encore ma fête. Mais cette fois c'était la nuit. Près de moi dormait Juéry monté aux tranchées pour me voir et qui répondait "Invité" chaque fois qu'un chef de patrouille le secouait. De petites étoiles se logaient dans les plus grosses et n'en bougeaient plus. Ma sentinelle aussi dormait **21** dans une ombre plus grande qu'elle. Je m'approchais en rampant, je la prenais par les épaules :

— Et si j'étais les Turcs, que ferais-tu maintenant?

Elle se débattait sans pouvoir dégager ses bras, elle balbutiait :

— Mon lieutenant, je vous... je vous tuerais.

Il se tait.

— Et voilà trois ans?

— Je pêchais à la ligne, à Chelles.

— Comment?

Alors mon voisin se rappelle soudain, ému, que voilà trois ans c'était la paix ; il renverse le petit vase où étaient les drapeaux, — pour son malheur, car on avait mis de l'eau dans le vase. Il s'emporte, il espère qu'un sous-marin au moins pourra remonter l'Hudson et bombarder à Albany une certaine maison qu'il connaît, avec le portrait du Kaiser.

Mais les orchestres se taisent, et les musiciens, qui en Amérique préfèrent la parole à la musique même, la musique étant un son précis, la parole un appel étrange, ont rejeté dans le couloir leurs instruments. Les cinématographes s'arrêtent, on ne voit plus qu'un carré blanc ; prodige, l'opérateur du cinéma écoute. Le plafond s'ouvre et sur les trappes se penchent des têtes, lointaines encore et prudentes à cause du vertige. Toute la salle est hypnotisée, comme aux Etats-Unis toute salle, toute famille, dès qu'on prononce un discours... Le président se lève... D'un geste, il détourne les projecteurs, qui dirigent alors leurs faisceaux par les lucarnes, éclaboussant, éblouissant les gens

de la nuit... Il ouvre la bouche... Une seconde avant ce miracle, un homme qui parle !... Il parle !

Mais pourquoi un président ne connaît-il pas mieux le danger ou les règles de la parole? Pourquoi, dès sa première phrase, a-t-il lancé un défi à tant d'oreilles bienveillantes? Pourquoi, sans prévenir, a-t-il usé du mot qui tout appelle, qui cueille tête et cœur :

— La France..., a-t-il dit...

Aussi n'a-t-il pu continuer. Tous les auditeurs se dressent, 23
tous montent sur les bancs, les tables, et la profondeur de ce
tapis humain tout d'un coup s'est doublée. Tous crient, tous
sifflent. Le nom prononcé s'est écrit en une seconde sur le
béret des enfants, sur les drapeaux : on les agite. Les belles
têtes lourdes de nattes blondes, d'où les pensées s'évaporent
moins vite, s'inclinent lentement et les têtes chauves on-
dulent avec délire. Nom toujours présent, et à chaque
seconde inattendu ; nom qu'aucun autre en Amérique ne
peut aujourd'hui équilibrer, et ces frénétiques ne s'assiéront
à nouveau que s'ils le veulent, et il ne servirait à rien de
leur crier les autres cris : Patrie, Amour, — ou de chercher
au hasard dans les délires du passé un nom antidote, —
Montjoie, Washington, — ou même de crier à l'oreille
de chacun le nom de son secret. Les officiers aussi se lèvent, et même Sir Beltie, consul des Nouvelles-Galles du
Sud, qui est sourd, et veut interroger son voisin suffocant.
Le président s'est tourné vers lui, il profite d'un instant
plus calme, et il se hâte, il semble vouloir ne parler que pour
Sir Beltie, n'avoir à dire qu'une seule phrase, sans intérêt
pour tous les autres, d'importance suprême pour les
Nouvelles-Galles du Sud, et il reprend, à voix presque
basse, puisque aussi bien Sir Beltie n'entendra jamais :

— La France chaque jour...

Mais la même fureur agite la salle. On n'a pu arrêter le
président qu'au quatrième mot, car il a parlé d'un trait,
mais tant pis, ou tant mieux, pour le mot « chaque », pour le

24 mot " jour ", pris par hasard dans un tel triomphe. Les portes s'ouvrent, et un flot pressé bouscule les maîtres d'hôtel irlandais, fils et frères des agents, qui tentent par atavisme de résister. Les spectateurs du plafond, moins rigides, mieux équilibrés maintenant, se penchent, retenus dans le ciel par un ami qui se sacrifie et leur tient les pieds et ils battent l'un contre l'autre des bâtons de buis. Le Président comprend enfin son impuissance. Jamais ces vingt mille sentinelles ne le laisseront s'évader avec son mot ; et il fait signe qu'il renonce ; qu'il va recommencer, mais par une autre phrase. Méfiante, la foule se tait, reste debout. Il la flatte.

— Amis, mes chers et vrais amis...

Il est blême ; il hésite ; de pitié trois ou quatre vrais amis s'asseyent. Alors, il dit dans un langage entrecoupé à faux :

— Amis, ne — voyez-vous pas chaque — jour le visage de la — France devenir plus pâle ?

Tous trois, recevant cette phrase inattendue, nous avons pâli. Pas un regard qui ne se porte vers nous, puis par pudeur aussitôt ne nous laisse. Honteux de son délire, chacun à la dérobée regagne sa place. Les têtes aux nattes blondes s'inclinent, ferment les paupières, voient à l'intérieur sur leur fond bleu une France de taille humaine blêmir, mourir. Puis les yeux se lèvent et reviennent à nos visages. Sur nos visages où le sang monte peu à peu, les voilà roses, — les voilà, sous ces milliers de regards, tout rouges, — l'un d'eux écarlate. Alors les applaudissements reprennent, sans cris,

sans sifflets cette fois, joyeux, interminables, et nos voisins 25
nous forcent à nous lever, à saluer, — encore tout guindés,
meurtris par ce sang venu trop vite, immortels...

L'orfèvre me montre six étudiants en robe, assis au premier rang des loges. L'Université a supprimé les concours
de fin d'année avec l'Université rivale, les régates, le baseball, les courses au stade, mais le tournoi d'éloquence est
maintenu et sera disputé lundi. Le sujet en est déjà connu :
la France. De même que l'on nous emmenait du lycée
avant la composition sur *Britannicus* ou sur *Phèdre*, observer
à l'Odéon la vie et les habitudes de Britannicus lui-même,
avec son nez en trompette, ses jambes arquées, ou la forme
vivante de Phèdre, fille de Pasiphaé, qui débutait, surveillée
des coulisses par sa mère, on leur a réservé des sièges d'où
l'on peut nous voir de face. Du côté de Harvard, mon ami
Davis, radieux et muet, car il sait de la veille que nos colonies
ont la superficie de l'Union tout entière, et il rumine un tel
secret ; Zimmermann, qui doit improviser en vers, radieux
aussi car les trois noms des officiers français, par un prodige,
valent le premier un spondée, le second un dactyle et le
troisième un ïambe ; et un petit Israélite attentif qui, lui,
pour ne rien perdre, a pris des lorgnettes. Ces trois de
Harvard soutiendront que la France est un patrimoine commun aux peuples, et sera leur jardin, leur musée. Du côté
de Yale, trois qui prétendent que la France, au contraire,

26 est la France, et, pour l'honneur d'ailleurs des nations, une nation. Tous ont des carnets, et, au moindre de nos gestes, prennent des notes ; c'est qu'ils ont trouvé pour leur cause un argument décisif, c'est que tous les Français

se ressemblent, c'est que tous les Français sont dissemblables ; c'est, auquel des deux camps l'argument servira-t-il ? que les lieutenants français lisent l'avenir dans la main des orfèvres, la pressent avec amitié... Mais le célèbre professeur Golias, qui découvrit un fleuve en Bolivie, s'est levé...

Il débute — comme tous les orateurs là-bas, car il est
juste d'offrir au public un appât vivant — par une anecdote
sur un homme. C'est jour de fête, il choisit un grand homme.

— Il y a quelques jours, dit-il, le général-maréchal Joffre
vint déjeuner, en France, chez de nouveaux amis. On prit
le café sur la terrasse. Une rivière coulait au bas du jardin.
Le général-maréchal l'admira et demanda son nom.

— Monsieur le Général-Maréchal, répondit l'hôte, c'est
la Marne.

Les auditeurs autour de moi s'épanouissent. Zimmermann
a trouvé la quantité du mot Joffre et la note à la hâte... La
Marne est pour tous ici la seule bataille de la guerre, et il
n'est pas de jour où ils ne la discutent entre eux. Il faudra
quand ils seront en France, même au prix d'un recul,
faire combattre leurs premiers soldats sur ce fleuve. Chaque
soir, oubliés sur les tables des clubs, tracés à l'intérieur de
papiers à lettres qu'on n'a pas osé déchirer et qu'on remit
avec dévotion dans le pupitre, nous trouvons des plans à
l'encre fraîche, des lignes qui se croisent sans raison, —
corrigés parfois au crayon bleu, indice que l'intendant du
cercle lui-même a dû intervenir, — indéchiffrables, s'il n'y
avait en bas et à gauche une marque isolée, un poinçon,
qui rend cette feuille précieuse, qui est Paris, Paris tout
rond pour qui l'ignore, ovale pour qui le connaît de vue : c'est
leur solution de la Marne. Parfois le critique se trompe..
Des villes étrangères à la victoire — celles où une promenade
en auto l'a conduit de Paris — sont conviées par reconnais-

28 sance à la bataille ou glissées au moins jusqu'à portée du front : Provins, traversé par un peu de Voulzie, Evreux, avec un peu de l'Eure, chaque cité portant à la Marne un segment de rivière comme un oiseau son fil. Parfois sur l'extrême-gauche, de petites circonférences trop pressées pour être des villes, les roues des taxis. Parfois, à gauche, un cercle avec deux bras et deux jambes : c'est qu'un de mes amis a tenu à indiquer ma place, ma place à moi. Parfois aussi une vraie carte de l'Ourcq, où les épingles dans la soirée ont creusé autant de trous qu'on en voit des avions. De vieux messieurs, qui n'ont visité que le Sud de la France, Nice, Pau, restent un peu en arrière des stratèges et suivent la lutte comme l'ont suivie les Niçois et les Palois eux-mêmes, sans parler, sans fumer...

Maintenant Golias décrit la Marne, comme elle naît dans les noisetiers, finit dans les tilleuls, comment, sans aucune pente, elle garde le courant des plus vives cascades, comment ses affluents ont lutté eux aussi contre la Meuse qui les voulait jeter au Rhin, et l'ont vaincue et isolée par le subterfuge des méandres coupés. Puis, triomphant enfin de sa modestie, il avoue que la rivière découverte par lui en Bolivie est juste, à un mille près, de la même longueur que la Marne, qu'elle aurait sur une carte le même aspect, — mais il avoue aussi qu'elle est desséchée, rugueuse, sans histoire, et la voilà rejetée par lui-même au soleil équatorial comme d'une couleuvre en renom la peau primitive.

Le pasteur Cox s'est levé. Il s'étonne de tant de silence. Il 29
dit :

— Non, ne me forcez pas aujourd'hui à vous parler de
la Mort. Rallumez tous ces yeux éteints. Rentrez vite, comme
y rentrera après une mi-
nute à peine l'heureuse génération qui vivra et mourra
le jour du jugement der-
nier, dans vos corps encore
tout chauds. Toi, mon ami
le soldat, ne te trompe pas,
voilà que tu reprends à
tort un corps plus pares-
seux, un visage plus tendre
que les tiens. Jeunes filles,
jeunes gens, je ne veux pas
venir aujourd'hui du fond
de votre vie, le dos à votre
mort ; un instant je m'aligne
dans votre file, je marche

à vos pas, je vais au-devant d'elle, pour la première fois
je l'aperçois comme vous l'apercevez, invisible, un gouffre,
un cri sans aucun son, et je remets l'âme du chrétien qui
mourut voilà une heure dans mes bras à une mort lointaine et solitaire. Aujourd'hui je parle au lieutenant français, qui a mon âge et qui fut quelques mois jadis, dans
ma promotion même, élève de notre Université.

30   Tous les regards déjà fixés sur la mort sans transition me touchent. Une seconde, sous mon projecteur, tous m'aperçoivent comme un pauvre insecte pris entre le télescope et un astre affreux. Tous les visages contractés par l'angoisse me font le sourire qui sera un jour leur dernier sourire, ou le premier après le Jugement. Le pasteur Cox continue :

— C'est au nom de cette promotion que je lui parle. Il l'a autrefois à peine connue; nous nous le rappelions à peine. Désormais nous voulons qu'il soit l'un de nous et je prends son adresse à Paris pour qu'il reçoive dans l'avenir nos circulaires, nos lettres de mariage, de mort. Enrichir son passé est rare, il nous aide à cela. Je le prends, je le replace dans l'année la plus douce de notre vie, et celle d'où partirent nos amitiés. Hier je l'ai reçu à notre banquet annuel. Je lui ai dit — j'avais cherché dans le dictionnaire français les synonymes au mot heureux — je lui ai dit que nous étions tout cela, bienheureux, sanctifiés, ravis, d'avoir retrouvé, inconnu, un compagnon d'enfance. Banquet qui ne réunissait que des hommes de trente-trois ans, où un siège eut été vide si nous avions été apôtres ; première année où le squelette tendu dans l'homme n'a jamais soutenu un corps divin ; où manquait d'ailleurs deux de nos camarades morts dans le semestre : Elias Dorzia, perdu en Chine, dont la mort nous semble je ne sais quelle dilatation immense, Francis Norton, tué en France, et qui est devenu au contraire un point, une simple petite croix noire à l'encre. Mais nous pensions surtout à sa promotion

française mutilée, et, c'est pour cela que je parle ce soir, **31**
nous voulons qu'il en comble les vides en puisant comme il
l'entendra dans la nôtre. Qu'il choisisse parmi nous un ami
pour chaque ami français tué ; je le conseillerai, notre année
par chance est bonne, les paresseux n'y sont pas lâches,
les menteurs n'y sont pas hypocrites, et peut-être y trou-
vera-t-il le poids exact de ceux-là même qui personnifiaient
pour lui les dons et les vertus.

Il s'assied. Il s'est assis, et soudain après une minute,
s'est tourné, a tourné sa chaise, comme s'il avait oublié de
se replacer dos à la mort. On sait de quel côté maintenant
elle vient ; elle vient suivant une ligne qui effleure un flûtiste,
traverse un enfant. L'assistance respecte mon deuil, se tait.
Les vieillards et les enfants s'excluent par dévouement de
mon amitié pour y laisser la place à ceux qui ont juste mon
âge, et, un jeune homme venant vers moi, l'orfèvre avec em-
pressement s'écarte, s'incline devant ce cadet et le respecte,
comme si déjà arrivait le remplaçant de mon meilleur ami.

Amitié, mon amitié, où ces feux inégaux que sont les
Français s'éteignent, et où le pasteur Cox veut placer vingt
cœurs ingénus, vingt lampes égales brûlant aux mêmes
heures. Amitié, qui sur des corps déjà froids, à la place des
visages où mes amis français entassaient des moustaches, des
lorgnons, à vingt ans des rides, pose vingt têtes simples et
nues, à cheveux blonds. Amitié, ou plutôt Café-terrasse de
la rue Pigalle, d'où chaque année partait ma promotion
pour dîner rue Vignon dans le Café-caveau ; où se sont

32 rencontrés encore, une semaine avant la guerre, les huit fidèles, dont je veux bien, Amitié nouvelle, vous dire les noms, et je glisserai même pour vous dans la phrase la part du corps où ils furent meurtris, mais dont je vous cacherai toujours s'ils sont tués ou vivants : Gilly, qu'une femme adorait, qu'on voyait arriver quand l'horloge sonnait neuf heures, partir dès qu'elle sonnait dix, — qui, orgueilleux, entendait ne donner par journée que vingt-trois heures juste à l'amour. Rouvère, qu'une femme adorait, qui s'accrochait au dernier de nous, l'accompagnait jusqu'à sa porte, le couchait, le bordait, qui partait alors bienheureux, enfin libre, avec sa tête qu'il coiffait à l'américaine, ses cravates américaines ; et il sera ainsi le plus facile à remplacer. Jorlet du Plessis de Guillot de Therouanne, qui avait encore deux autres particules, et que nous n'appelions jamais que par tous ses noms ; il ne répondait qu'au dernier, à l'avant-dernier il ouvrait la bouche. David, le seul d'entre nous qui eût un fils, David immense, et de toutes façons j'eusse parlé de son cœur... que nous appelions Goliath. Guenle, qui se vantait de descendre de Ganelon, cela s'expliquait par une crase ou une catachrèse, que nous appelions Dreyfus, — avec ses yeux. Bianci,... avec son front, son oreille, son genou droit, son pauvre foie.

※

Puis venait le discours de mon commandant, à qui l'on avait offert, à l'entrée, un bouquet d'immortelles, et qui

prenait ces fleurs pour thème, sans voir qu'il confondit, dans 33
tout son second paragraphe, immortalité et éternité. On
saisissait, on acclamait chaque nuance sur la longévité, la
résurrection, la double naissance ; car, pendant les trois
premiers mois de sa guerre, par un prodige, l'Amérique
comprit le Français, comprit Viviani, Bergson, et
eût compris, — je le tiens de Bédier — un discours
en vieux français. Puis se levait un vieil amiral, qui
reçut sur la tête, à Manille, le pavillon de son navire
démoli par un boulet, qui voit depuis (à ce que nous
expliqua le speaker) tous les gens avec un de leurs membres
diminués ou manquants, et, après avoir promené ses yeux
sur ces vingt mille êtres pour lui borgnes ou manchots ou
paralytiques, qui commença par cette phrase : — Je vois la
France avec son corps entier et sain, vierge avec ses
deux yeux... Puis le poète (toujours à ce que dit le
speaker) le plus imagé de l'Amérique, et chacun secouait
un peu ce qui pouvait sur soi provoquer une métaphore,
ses cheveux, son ombre, la harpiste sa harpe, et chacun peu
à peu se retourna, regarda vers les coins obscurs, curieux,
car l'imagiste prenait toutes ses comparaisons dans un
couple amoureux.

Puis les orchestres jouèrent la *Marseillaise* et, avant le
Chant américain, un autre hymne qui était *Le Chant du
Départ*, inconnu là-bas — mais si terrible que beaucoup
partirent inquiets, anxieux de savoir quelle troisième nation
s'était glissée, en armure, entre la France et l'Amérique

C

34 nues, rassurés le lendemain quand ils apprirent la vérité
par le journal.

✼

C'était la fin. Un petit homme se glissait vers moi, me
disait en anglais, les larmes aux yeux : — Ah ! comme je
voudrais parler avec vous, et j'ignore le français:Sprechen Sie
deutsch? Mille têtes graves nous accompagnaient à l'ascenseur, et discrètes, nous laissant partir seuls tous trois,
s'écartaient aussitôt pour ne pas contrôler si nous montions
dans la nuit ou si nous descendions et suivions la route...
Nous suivions la route... La ville, que nous ne connaissions
que par son plan de fêtes, vain et illogique, nous offrait sa
vraie pente, ses avenues les plus larges, des marronniers
en fleurs. La lune avait la forme d'un navire, un vrai pont,
une vraie voile, on pouvait deviner l'âge du capitaine.
Respectant sur les deux autres l'honneur amassé dans un
tel soir, leur prenant doucement le bras, chacun, s'il glissait,
s'il éternuait, prenait soin de n'injurier que soi-même. Sur
chaque maison, appliqué contre la vitre où l'on affiche, le
matin, pour attirer le glacier, la pancarte avec le mot Glace,
un petit drapeau français ; mais il était minuit, nous ne
pouvions monter dans toutes. Devant le poste de police,
on ouvrait l'arrière d'une voiture-cellule comme une malle
Innovation, et nous apercevions assis sans faux-col un
rôdeur en complet à carreaux qui levait les bras criant
Vive la France, et le policeman muet devait suivre ses

gestes en les amplifiant, car l'autre avait des menottes. 35
Parfois, profitant d'un énorme incendie qui nous avait attirés,
un membre du Club nous rejoignait, nous invitait pour le
dimanche, cachant sa rougeur sous d'immenses reflets
pourpres, s'enfuyait sans attendre la réponse, renonçant
pour ce soir-là, dans sa joie, à la joie peut-être de sauver
des enfants ; — et de tout ce que
d'autres appellent cataclysme, trem-
blement de terre, de l'inondation,
de la tornade, un Américain timide
eût tiré parti pour nous joindre.
Nous rentrions au Club ; nous traversions sans hâte les salles où
veillaient, avec des yeux semblables,
les têtes innombrables des tigres,
des antilopes, des buffles tués par
Roosevelt ou morts chez Barnum.
Un lion dormait. Je caressais comme

chaque soir la barbe du bouquetin. L'Irlandais de l'ascenseur, impitoyable, pour nous souhaiter à loisir bonne nuit,
arrêtait et pérorait entre deux étages. Dans ma chambre
les fleurs envoyées par mon chauffeur King s'étaient écloses,
œillets qu'ils étaient, sous la pensée de mon chauffeur fidèle.
Sur chaque objet, un visiteur anonyme avait installé pendant
mon absence un petit pavillon de nation alliée, — " d'une
des nations justes et impartiales ", comme il me l'expliquait
sur une carte ; je ne pouvais désormais, le drapeau de

36 Cuba pavoisant mon téléphone, téléphoner sans penser à
La Havane, à une créole endormie et juste ; me regarder
dans la glace surmontée du drapeau siamois sans penser au
Siam, à une Siamoise aux cheveux coupés en brosse, aux
dents rouges et impartiale. Dans la chambre jumelle Morize
s'endormait, les pieds en l'air, se renouvelant dans la nuit
comme un sablier, et, la tête haute sur des oreillers, je
rêvais... Je rêvais que la soirée continuait. Je rêvais que le
roi des transitions prononçait son discours. Il décrivait sa
ville natale, Worcester, mais l'on sentait qu'il voulait maintenant parler de Paris ; il faisait en vain mille efforts, s'aidant
des premiers mots venus pour quitter Worcester, y renonçant, désolé, prêt à rendre son titre ; quand soudain, radieux,
il trouvait enfin, et, passant de sa ville à ma ville par des
avenues, les plus larges, il disait : — Worcester, c'est la
beauté, la beauté c'est l'amitié ; l'amitié c'est Paris...

✼

C'est ainsi que la nation nièce de la Grèce embaumait une
nation vivante. C'est ainsi que l'Amérique incrustait au centre d'elle-même — et des enfants mes amis découpant les atlas
le firent dix-sept fois sur leur carte des Etats-Unis à l'école
— une France de vraie grandeur. Ce qui dépassait des dix-
sept Finistères, des dix-sept Manches, des dix-sept Bouches-
du-Rhône, les écoliers l'entassaient dans le Texas immense,
avec les dix-sept Corses. C'est ainsi qu'on nous honorait,
les femmes comme si nous habitions une immense Andro-

mède, éventés par ses cils, haletants sur sa gorge, les hommes Prométhée. Les policemen arrêtaient dans les rues les chauffeurs qui avaient mis, dans le trophée du capot, le drapeau français à gauche de l'américain et non à droite. D'un quinzième, — de notre voiture nous la voyions tombant comme la Vierge d'Albert, — une mère nous tendait son fils. Puis, parfois, notre guide s'agitait, nous attirait vers lui, nous disait à voix basse :

— Vite !... Vite !... regardez là-bas ! un Français !

Sans réfléchir, nous nous précipitions, gagnés par l'angoisse de voir une parcelle de cette nation, de cet honneur, et nous apercevions un petit homme aux habits râpés, le nez busqué et craintif, avec une mouche et deux moustaches ; — une seconde nous étions déçus, et soudain nous l'aimions, nous étions heureux...

DÉJA L'ON VOIT...

Puis les femmes...

D'abord les aïeules, les seules que la guerre n'étonne ou n'agite point, car elles l'ont vue. Elles n'ont eu qu'à rendre journalière leur réunion décennale des infirmières de la Sécession, et les voilà prêtes. Elles disent adieu aux écoliers comme s'ils allaient partir aussitôt, car, en 1862, sept cent mille soldats nordistes avaient moins de dix-sept ans, et leur seul tourment est de ne pas connaître la largeur de chaque couleur du drapeau français, dont elles

40 croient les bandes inégales. Je suis donc venu rassurer mes hôtesses de voilà dix ans, les trois misses Potter, les deux maintenant, car la seconde, à soixante-huit ans, est morte, et l'aînée et la cadette, attirées l'une vers l'autre par je ne sais quel vide, se bousculent depuis et se heurtent sans cesse. J'ai retrouvé, comme Ulysse, le petit chien, mais bien portant ; ce n'est pas moi qu'il attendait. Elles m'ont conté le détail de tout ce qui leur était arrivé en ces dix années, de tout ce qui arrive aux femmes : la visite de ce Mr. Howe, d'Annapolis, avec lequel jadis j'avais pris chez elles le thé ; et elles avaient vu deux fois Miss Robinson, qui m'apprenait en anglais les mots exprimant la patience, et aussi Mr. Klaks, qui m'apprenait l'impatience, les jurons. Pas une minute elles ne songèrent à m'interroger, et d'ailleurs je n'avais fait que ce que font les hommes : le tour du monde, la guerre; je m'étais hissé sur le faîte de la vie; j'avais aimé la femme d'Europe la plus dangereuse, j'avais manqué la tuer ; une fois aussi, de l'autobus, sur la place du Théâtre-Français, faisant sous la pluie la queue pour *Primerose*, j'avais aperçu Mr. Klaks. Puis toutes deux m'accompagnèrent chez Miss Longfellow, toutes blanches, en robe de soie blanche achetée après la victoire de Richmond, avec des yeux bleus, et l'idée s'imposait qu'au cinématographe les faisceaux de leur image seraient blancs de neige, à parts deux fils tout noirs pour leurs iris. Puis je trouvai des prétextes pour faire prononcer le nom de son père et le mot "Poésie " à Miss Longfellow, assise au-dessous de son buste de jeune fille, le buste au-

dessous de son portrait d'enfant, et qui venait par cascades 41
à nous du temps victorien, comme dans un poème, par trois
métaphores, l'inoffensive idée de la vie d'un Poète.

Ensuite les mères... Soudain, en pleine rue, elles aperçoivent les officiers français qui viennent droit sur elles, elles
tressaillent. Nous nous écartons, mais notre première image,
partie de nous si brusquement, ne les évite pas, et les traverse. Elles n'osent nous suivre, elles n'osent se retourner,
elles s'arrêtent, toutes droites, et chacune, sans pensée, est
seulement une seconde sa propre statue. Mais le lendemain,
nous rencontrant dans un wagon, elles s'enhardissent ;
elles viennent s'asseoir près de nous ; elles ont pensé depuis
la veille à l'étoffe de notre uniforme qu'elles tâtent, pour
savoir de quoi s'habillent leurs fils en France, à nos boutons
de métal, qu'elles soupèsent, pour être sûres qu'ils peuvent
arrêter une balle tirée juste en leur centre. Elles disent :

— Mon fils est infirmier dans les Vosges. Il revient pour
s'engager, que j'en suis heureuse !

— Mon fils est votre soldat au régiment de Harvard.
Hier il a fait son testament, depuis il vit au hasard. Il est
parti ce matin sans dire l'heure du souper.

— Mes deux fils partent demain pour le camp de Platts-
burg. Mon mari, M. Cannon, l'ancien chapelain, nous
répète : — Je veux donner à la France deux canons, l'un de
cinq pieds sept pouces, l'autre de six pieds... Mon mari
aime rire.

Mères imprudentes, qui envoyez vos fils à la guerre !

42 Mères avec des cabas ornés de fruits éclatants bourrés de coton exsangue. Mères avec de petits chapeaux roses à raies vertes et des écharpes pourpres. Mères auxquelles on fait remarquer que le médaillon du portrait du fils est ouvert, et qui le ferment avec la précipitation dont elles retiraient voilà dix ans l'enfant penché à la fenêtre. Je vous aide à descendre : je ramasse votre billet tombé ; je vous enlève, par cette seule prévenance, tout regret, tout regret de donner la vie de votre vie, l'âme de votre âme. Je vous prends votre valise : vous rayonnez d'espoir en Dieu.

J'ai revu Marie-Louise. Elle venait assister son frère pour le Class Day, jour où les quatre promotions de Harvard passent leur titre aux promotions cadettes. Dix ans depuis nos adieux ! Je suis allé sans joie à son hôtel, palace, mais bâti du moins sur le lieu même où s'élevait jadis sa petite pension. Ma journée jusque-là était mauvaise : j'avais déjeuné chez ceux dont le fils venait de mourir, et un accès de fièvre avait, devant moi, saisi leur fille unique ; j'avais goûté chez ceux qui s'étaient mariés après divorce, et, à mon sujet, ils avaient eu une brouille ; j'avais rencontré un couple condamné par le monde pour ses mensonges, réhabilité, et il m'avait menti. Mauvais jour pour toucher le présent ou le passé. A mesure d'ailleurs que j'approchais, ce que je voyais la veille encore coloré et intact dans mes souvenirs, se desséchait, s'évanouissait ; toute ma mémoire

doutait d'être assez solide pour résister au moindre heurt 43
vivant, et, fragile, dès qu'il eût frôlé l'hôtel d'aujourd'hui,
le petit hôtel d'autrefois pour toujours disparut de mon
cœur et de mes yeux.

Nous avons poussé un cri ; nous sommes restés confondus :
tous deux nous avions rajeuni. Elle prit ma main, m'approcha
de la fenêtre, m'en retira, alluma le lustre au-dessus de ma
tête comme si la lumière artificielle devait plus sûrement
décomposer cette apparence. Mais c'était bien notre jeunesse. Elle était notre récompense de n'avoir jamais prononcé
un de ces mots, fait un de ces gestes qui donnent l'âge.
Nous étions plus libres, chacun avait trouvé son vrai costume et sa vraie forme, sa fortune ; nous étions plus forts ;
devant elle, devant moi, comme voilà dix ans, chacun des
monuments de Boston à la même distance, et la vie entière
avec toutes ses cimes. Nous nous parlions, nous nous inter-
rogions hypocritement pour voir duquel le premier jailli-
rait le goût ou le parfum de la vieillesse. En vain. Toutes
les douleurs, toutes les joies que nous avions connues depuis mon départ étaient comprimées entre deux jeunesses
égales... Mais c'est du Class Day que je dois vous parler, et
non de Marie-Louise.

Son frère nous attendait dans la pelouse d'honneur où
trois bassins de bois avaient été dressés, reliés par des
tuyaux à mille fontaines, et, puisque c'était de jour, on
obtenait par l'eau tous les dessins que chez nous, la nuit du
14 juillet, le gaz et le feu ont dû tracer. Toute la nuit les

44 étudiants étaient rentrés de leurs banquets, par deux, le
plus grand portant dans ses bras un petit ; il n'était plus
resté au matin que ceux dont la taille est moyenne, et l'aurore s'était levée sur des étudiants semblables. Dans les
dormitories interdits aux femmes le reste de l'année, les
cousines entraient en riant, et, dans le bureau, sans hésiter,

se dirigeaient droit sur leur portrait pris dans la glace, prétendant
qu'elles se coiffaient, mais regardant
avec tendresse cet autre reflet vieux
d'un an. Sur les pelouses, les écu-
reuils qui se laissent tomber sur le
passant, des branches, tombaient sur
des jeunes filles décolletées, frissonn-
nant, ne comprenant pas ces épaules
nues. La procession défilait, chaque
Année avec sa musique, devant
chaque bâtiment faisant halte et
poussant trois vivats en son honneur, criant son nom ; et
une fenêtre s'ouvrait, et la dactylographe la plus digne
de l'habiter, celle qui travaillait les jours même des fêtes,
apparaissait et saluait. Les refrains de l'Université étaient
des airs empruntés jadis à des hymnes célèbres, à la
Marseillaise, au *God save the King*, à Schumann, au temps où
l'on ne pensait pas qu'Harvard dût devenir aussi célèbre et
la fraude connue. Premier Class Day de la guerre, où sous
leur robe noire les promotions nouvelles avaient leur uni-

forme et nous saluaient militairement, oubliant qu'il 45
était caché. Les Années des pères, au détour d'une allée,
se trouvaient parfois, marchant en sens inverse, à la hauteur
des fils eux-mêmes. Les jeunes par exception ouvraient le
défilé, car cette année ce n'était plus vers la vieillesse, vers
la mort, non certes, c'était vers
la guerre qu'on allait. Le poète
de la promotion guidait la
foule vers le stade ; des agents
tenaient devant lui la route
libre : pour la première fois
de sa vie il pouvait marcher
dehors sans lorgnon, il voyait
le monde tel qu'il est, gris
d'argent avec son ourlet d'or,
ses becs électriques en diamant, avec des petits tas de
rouge, de vert, de bleu, qui
étaient les petites filles et il

les évitait soigneusement comme si elles étaient les couleurs
mêmes.

Nous arrivions au stade. Assis sur le gazon, nous faisions
face aux dix mille femmes rangées sur les gradins ; dans les
travées du centre les plus âgées, les mères, en noir, aux
oreilles déjà moins sûres, et qui se tournaient toutes de
profil d'un même mouvement aux passages pathétiques
pour mieux entendre ; de chaque côté, de face, s'écartant

46 à leur guise, les sœurs et les cousines, en robes claires où
éclatait une robe rouge ; elles se levaient aux noms propres,
au nom d'Eliot, au nom de Lowell, hésitant et frémissant —
sont-ce des noms propres ? — au mot de Guerre, au mot de
Mort, et nous voyions alors se tendre, cloué au stade par les
robes rouges, un immense oiseau avec ses ailes. Puis un coup
de vent releva sur la piste toutes les robes des étudiants ; on
aperçut les uniformes si bien coupés, si propres, on comprit,
palpitant et tout neuf, le symbole. Des jeunes filles aussi
furent prises ; on vit de fines jambes avec des bas transparents ; on ne vit pas de genouillères et de cuissards d'argent,
de molletières d'acier ; et les femmes, pour la première fois
en Amérique, se sentirent faibles et sans défense.

✵

Muriel Patham, la danseuse, habite le même hôtel que
Marie-Louise. Vous savez le scandale d'où elle est sortie
célèbre. Le professeur Apponyi, qui revenait d'Ecosse et
présidait à Saint-Louis la réunion d'enrôlement, n'a pu
supporter voir des jeunes femmes à costume léger envahir
en intermède l'estrade des conférenciers. Il s'est enfui,
refusant de prononcer son discours sur l'effort de la guerre.
Une des danseuses parvint à le toucher, et c'est Muriel
Patham.

Muriel me présente à sa mère, une des rares Minnéso-
taises qui sachent que la statue de la Liberté fut donnée

par la France, car elle s'est assise dans la tête à Paris même, 47 durant notre Exposition. Puis elle me conte son aventure. Vous aimez, je crois, à savoir comment parlent les Américaines, avec leur petite bouche rouge, comment elles écoutent, avec leurs oreilles roses, avec leurs énormes perles. Muriel, qui a gardé son sourire du jour le plus cruel de sa vie, son regard du jour le plus inoffensif, parle aussi avec sa bouche d'enfant, mais la lèvre d'en haut bouge à peine ; et elle dut renoncer, au cinéma, à jouer le rôle de la jeune fille qui épèle, à la fin de chaque épisode, et fait deviner un mot. Le public imbécile ne comprenait pas et poussait, avec le menton, par dérision, des cris confus.

— Je suis parvenue, dit-elle, à trente centimètres au plus du professeur Apponyi. J'étais sans maillot dans un pyjama aux jambes réunies par un ruban et ne pouvais courir. D'ailleurs, dès que j'eus étendu le bras vers lui, un frisson me saisit, et de ce jour, froide que j'étais, j'ai compris l'esprit de la guerre.

— Que comprenez-vous ?

Muriel attend, pour vous répondre, que votre parole, arrivée à la conque de son oreille, en suive sans hâte les volutes, pénètre, fasse jouer un petit os qui tape, au bout d'une

48 minute, sur un tympan. Alors, elle entend un bruit épouvantable, elle tressaille :

— Ce que je comprends?

— Ce que vous éprouvez?

— J'éprouve d'abord que je suis lasse, mais inquiète. J'éprouve que la nuit je rêve sans cesse de gens bizarres, qui n'ont qu'un œil, qui brandissent des massues. Je me suis renseignée. On m'a dit que je rêvais de Cyclopes. Depuis l'aventure aussi j'ai perdu cette qualité qui encourageait à me photographier dans les ténèbres. Je sens toute phosphorescence en moi disparaître. On a tiré hier de mon corps un portrait à minuit, on ne voit plus rien.

— Mais la guerre?

Muriel s'arrondit sur son divan, avançant le front, comme si elle voulait aussi tenir dans une tête, mais non sans regarder par les deux orbites vides, — dans une tête moins grande que celle de la Liberté, celle de l'Intelligence sans doute ; et l'on voit ses belles jambes, et une fois même ses genoux, — qui ont en anglais un nom différent pour les femmes et pour les hommes, ce qui les rend si bizarres, si précieux.

— La guerre? je la vois, par accès. Ou plutôt j'ai des visions, que je crois la guerre, mais je ne dispose pas toujours près de moi d'un soldat pour me dire ce qui en elles est de la guerre et ce qui n'en est pas. Promettez-moi de parler franchement. Donnez-moi votre main...

Elle baisse, lourdes et plus chères dans ce pays, car

elles ont un nom différent pour les femmes et les jeunes 49
filles, ses paupières.

— Je rêve que l'on verse sur moi de petits cartons roses,
verts. Ce sont les fiches des soldats américains morts dans les
ambulances, remplies avec une écriture hâtive ou une belle
ronde, selon qu'ils sont morts de jour, l'ambulance débordant, ou la nuit, quand les secrétaires sont moins pressés...
J'entends des cris ; je vois un blessé dans une voiture qui
s'emballe, et le brancard glisse peu à peu vers l'arrière...
Je rêve que j'entends sans relâche, chaque seconde, à l'étage
au-dessous du mien, appliquer avec bruit un tampon sur
une table, et je me plains au gérant, et l'on me dit que
c'est l'employé chargé d'ajouter aux feuilles d'état-civil la
mention : " Mort pour l'Amérique. " Tout cela est simple,
n'est-ce pas, c'est la guerre ! Mais écoutez, qui est moins
clair.

J'ai retiré ma main à cette liseuse de pensée, j'ai deviné sa
ruse, elle sent qu'elle ne pourra plus rien avoir de moi, elle
arrache juste de ma mémoire un dernier tableau, puis après
se trompe.

— Je vois, près d'une ferme, un chien tué. Il est noir et
frisé, il a un collier. Entre deux obus, le fermier sort et
reprend le collier pour le chien d'après la guerre... Je vois le
jardin public de Boston, avec tous ces ouvriers parsemés à
l'ombre et dormant qui se couvrent soudain d'uniformes
et de boue. Ainsi est le champ de bataille, n'est-ce-pas,
mais naturellement avec des morts aussi au soleil ? Puis je

D

50 vois à l'horizon mille pioches, mille pics sortant de terre, qui creusent, tous levés, tous baissés en cadence sur l'horizon. Ce sont les tranchées, dites ? C'est encore la guerre?

— C'est bien elle.

— Comme je suis heureuse ! Ma mère prétend que ce tableau c'était la paix, l'agriculture... Que vois-je encore? Je vois la première armée américaine chargeant, chaque compagnie prenant la forme d'une lettre, un nom immense en marche, dont quelques pauvres voyelles sous les obus éclatent, et qui devient un mot avec seulement des consonnes, tel qu'en prononcent les mourants.

— Taisez-vous, Muriel, dit la mère. Je vous en prie, renoncez à vos folies. Depuis l'aventure de Saint-Louis, lieutenant, elle veut être un homme. Je vous dis contre cela, Muriel, qu'il n'est pas une minute, depuis votre naissance, où je puisse vous imaginer en petit garçon. Dois-je tout conter à notre hôte?

Muriel hésite. Sa mère lui prépare le thé avec mille raffinements, et n'oublie rien, muffins, tartines, toasts, de ce qui peut retarder une décision aussi funeste. Elle remplit la tasse. Horreur ! c'est du thé de Ceylan ! Elle regarde avec angoisse Muriel, attristée, qui heureusement n'a rien vu, dont la gorge ne s'affaisse point, dont les jambes tendrement s'allongent, qui respire sur elle-même des roses. Il suffirait à ce moment d'un rien pour la ramener dans son sexe, d'un nom de femme brusquement appelé, — de même que nous les hommes, on nous ramène au désir d'être homme

en criant dans les foires à nos oreilles : Polyclète! Phébus! 51
Phidias! — il suffirait de son nom peut-être. Déjà ses cils
s'agitent, ses deux myriades de cils, qui ont là-bas pour les
brunes et les blondes...

Mais des fanfares éclatent, nous nous précipitons au
balcon.

C'était encore aux premières semaines de la guerre, où
l'Amérique ignorante du combat, comme Hercule au Stade
faisant du Sandow, chaque
jour exécutait dans la rue de
grands gestes précis, déroulant
des parades où l'on portait
un immense drapeau tendu sur
des têtes (quelques-unes, les
asthmatiques, émergeaient par
des trous), où les figurants for-
maient de gigantesques lettres,
comme si la guerre était déclarée aussi à un astre, qu'il
devenait loyal d'avertir par
des signaux. Aujourd'hui, ré-
clame pour le premier emprunt, voilà justement le cortège
des femmes qui voudraient être des hommes. Elles sont
divisées en compagnies, chacune sous un étendard que je
ne peux lire de si loin, Muriel me l'explique :

52   — *Parce que l'on nous dédaigne !*

Celles que l'on dédaigne sont toutes jeunes ou toutes vieilles. Un gros homme sans orgueil, mari d'une dédaignée, porte la bannière. Les spectateurs s'étonnent de voir dans le groupe Emily Battenson, l'actrice qu'un souverain a follement aimée, et apprennent ainsi que l'amour le plus fou des hommes, même des empereurs, est un dédain.

— *Parce que nous sommes irritées d'être jolies !*

Toutes sont jolies, élégantes ; toutes agitées par le doux démon de la transparence et des beautés. Celles qui sont plus belles à cheval ont eu le droit d'amener leurs chevaux. Toutes sérieuses, à part l'une qui sourit, amoureuse d'elle-même, qui voudrait être homme, mais femme aussi, mais être double. La dernière, une grande fille plus irritée que les autres, qui lance des regards acharnés, la plus belle.

Mais soudain d'un seul geste, d'un geste égal, comme si le même mort passait devant chacun d'eux, les cent mille spectateurs se découvrent à la fois.

— *Parce que nous voudrions venger le* Lusitania.

Les musiques cessent de jouer. Du port, les sirènes crient sans relâche, celles seulement des bateaux qui font le service d'Europe, des bateaux qui peuvent être coulés. Des milliers de femmes avec une petite fille à la main, parmi lesquelles — on frissonnait devant chaque petit visage triste ou énergique — étaient deux fillettes naufragées et orphelines. Vague venue du port, de la mer même, et qui bientôt

engloutit tous les autres détachements de la parade. Aux 53
spectateurs innombrables penchés des étages comme du
pont d'un navire, les mères dans le défilé tendaient des
enfants. Naufragées qui portaient toutes — de quoi donc
sauve-t-elle ? — une cocarde française. Danseuses de Caliban
prises dans le flux, en tunique blanche, en robe de soirée,
comme des passagères surprises à minuit par la torpille...
Traînards, femmes déjà fatiguées, celles qui auraient
sombré avec leurs fillettes les premières... Celles qui depuis
dix minutes seraient englouties, invisibles...

Puis, après un vide que trois petits juifs traversent en
courant mais avec assurance, comme leur nation traversa la
Mer Rouge, par lignes de seize, l'arme sur l'épaule, au
pas de parade, des êtres silencieux, deux fois plus larges,
deux fois plus hauts, qui agitaient leurs mains en cadence :
des hommes... Voilà ce que l'on voit en Amérique.

Déjà l'on voit aussi, sur le perron des villas heureuses,
une mère et une femme embrasser en pleurant un jeune
homme qui rit. Il part, à la main cette valise plate qui sert
pour les visites du dimanche, et qui contient pour la première
fois au lieu d'un habit un uniforme ; il se retourne, il ne voit
plus que l'une, car la seconde, de peine, est rentrée ; il a
pour celle qui disparut, s'il l'aimait un peu moins que l'autre,
un immense amour. Il me rencontre, il me regarde. Il

54 ne sait pas qu'en France nous reconnaissons maintenant le visage de ceux qui doivent mourir ; qu'ils ont des yeux francs et timides, au menton cette fossette, qu'ils sont graves et qu'ils sourient, qu'on les force à monter les premiers dans les tramways, ami qui ne reviendra pas...

REPOS AU LAC ASQUAM

Vous me regardiez, vous en étiez certaine, pour la dernière fois ; moi j'étais sûr de vous revoir. Le quart d'heure infini qui nous restait je le secouais au hasard, comme on secoue un sablier ; dans votre cœur un coup sec abattait les pauvres minutes comme à l'horloge de la gare... parfois vous ressentiez les secondes et vous fermiez les yeux. Pour vous j'étais, réuni à mes bagages, tout ce que j'ai jamais été, un ancien inconnu, un homme, un amour à son terme, fantôme je n'étais plus ; moi je

56 voyais de doux trésors, des yeux bleus, des mains. Êtres à taille, à âme d'échelle soudain différente, nous ne pouvions trouver de paroles sensées, de pensées communes qu'en ajustant l'un en face de l'autre nos visages... Alors heureusement arrivèrent celles de nos amies qui prétendent n'aller jamais aux gares, qui vous prirent entre elles deux, quand le train fut parti, et, soutenant vos coudes, vous firent marcher toute la nuit sans arrêt, comme on l'ordonne aux Indes pour ceux qu'a piqués le cobra. Les hommes d'équipe, les contrôleurs, devinant cet argent et cet or qui jaillissent d'eux-mêmes autour des vrais départs, accomplissaient tendrement leur œuvre, volaient sur moi, pour les installer, ma canne, mon manteau, mon chapeau, puis mettaient leur franc dans leur bouche comme s'ils allaient eux aussi partir, mourir. Mais tu ne pensais pas à ma mort, tu semblais croire que je prenais, dans ma méchanceté, un autre moyen de quitter ce monde, un trottoir roulant plus rapide que le tien, et, obstinée, tu ralentissais même tes derniers gestes. Tu étais dure, et triste, et cruelle comme si j'allais devenir un autre homme : un ingénieur, et toujours parler, et avoir des moustaches ; un saint, et ne plus être libre l'après-midi ; un enfant, et boire en amont de toutes tes sources. Aujourd'hui la pensée me vient que j'ai encore ton âge, je défaille de dévouement et de plaisir.

Aujourd'hui... je suis étendu au centre d'un grand cirque de montagnes. Quand je me lève et me tiens debout, j'en deviens le pivot même. Comme on me le recommandait à l'école, j'ai mis le soleil à ma gauche, pour que la lumière 57 soit meilleure, et je vous écris. Le lac au-dessous de moi supporte des îles légères, et les sapins des radeaux détruits par l'hiver vont à la dérive. Des oiseaux-mouches forent trop vite les fleurs des pommiers, touchent le bois dur, blessés repartent. Pour les dindons de la ferme aux pattes malades, race dégénérée, Mrs Green passe à la graisse les branches de l'arbre perchoir. Une grive rouge m'effleure, une brise s'élève. Comme un poète qui songe, près de qui se pose un oiseau, qui s'émeut de voir tomber là, parfaite, la pensée qu'il cherchait en lui, un amour tendre et doux, au lieu de souffler en moi, soulève cette page, m'évente avec amour. Dans les hangars cachés par les roseaux les fermiers essayent les moteurs des canots qu'on sortira pour les maîtres le mois prochain. Mrs Green bat pour moi un couvre-pied rose, car mon lit finit au-dessous de la fenêtre et je vois, le matin, sous le drap, mes pieds ensoleillés, mais j'ai froid. Au fond des criques où flottent les sapins coupés, les ouvriers marchent de l'un à l'autre en sifflant des danses nègres qui feraient chavirer tout autre. J'envie leur équilibre, je me sens tout guindé d'avoir un lac et un soleil à gauche, et rien à droite.

Où je suis ? Je suis dans un pays que je reconnais énorme, à l'instant même, à ce que les guêpes sont trois fois plus grosses qu'en Europe. Je suis au milieu du New-Hampshire, qui voit l'uniforme bleu ciel pour la première fois, qui croit que j'en ai choisi la couleur moi-même, qui me croit donc sensible, généreux. Le régiment de Harvard a une semaine

58 d'examens et je me repose. L'auto a quitté Boston lundi, le matin, à l'heure où dans les faubourgs, sur de hauts souliers taillés de biais, vêtues de robes en foulard de soie, décolletées et appuyées contre le vent, les dactylographes montent dans les tramways sans toucher les barres d'appui, soucieuses de leurs mains, et les sténographes toutes droites, soucieuses de leurs têtes. Sur les perrons, des Irlandaises à nattes brunes vous passaient toute douce, par leurs yeux bleus, cette pensée terrible qu'elles ont eue la nuit. Nous suivions la route bordée par les ormes de Washington, bien vieux, réparés, le tronc comblé du ciment qui fait là-bas les statues ; et l'immortalité, à défaut de sève, gagnait déjà les hautes branches. Les lacs, de plus en plus purs à mesure que nous montions, détenaient l'eau des quartiers de plus en plus riches de Boston, et venait enfin le lac tout bleu, tout rond, qui alimente Beacon Street. A midi ce fut Portsmouth, où je présidai sur la plage la réunion des enfants qui vendaient leurs animaux favoris pour leurs filleuls de France. Ils étaient une centaine, graves, enthousiastes ou consentants, excepté Grace Henderson, qui se cramponnait à son veau blanc et pleurait. On le lui achetait vite, en le lui laissant par pitié, mais son frère la forçait à le revendre et trois fois elle eut à souffrir, à se débattre contre le devoir. Il y avait des oiseaux de Cuba, qu'on achète avec les cages ; des oiseaux du pays, qu'on achète pour les relâcher ; des tortues qui se vendaient mal, car elles portent gravées sur le dos les initiales de leur premier maître ; des chèvres ; et il y avait des animaux pour lesquels aussi c'était un sacri-

fice, des chiens tristes qui ne résistaient pas, qui se vendaient 59
eux-mêmes, un petit éléphant qui retenait sa maîtresse par
sa ceinture, — elle cédait, — par la manche, — elle craquait, —
et il n'osa prendre sa natte. Les gouvernantes, pour consoler,
achetaient vite à leurs enfants un autre animal, et lisaient
à tour de rôle, sur un stand, les lettres des filleuls : — Venez
chez moi, j'irai chez vous, écrivait Jean Perrot, et si je meurs
je veux vous voir... Des professeurs s'étonnaient que les
enfants français eussent tous un langage rythmé... Puis vin-
rent des forêts vertes coupées de torrents où les petits garçons
qui pêchaient la truite à deux mains, n'osant bouger, n'osant

60 crier, nous acclamaient d'un clignement d'œil. Puis vint
Tamworth, pays des mulots, où les chouettes sont si grasses
qu'elles ne peuvent se percher de face car elles basculeraient.
Puis vint Sandwich où un Lithuanien, agitant son drapeau
national, protestait tout seul contre la conscription. Alors
vint le lac Asquam, et cette terrasse où depuis je suis étendu,
au pied d'un bouleau fluet et géant, qui n'a qu'une touffe
à son sommet et qui chavirera s'il lui pousse une autre feuille.
J'ai pour hôtesse Mrs Green, la fermière, qui porte un grand
sarrau rayé, des cheveux gris en nattes sur le dos, un lorgnon,
mais qui tire à la dérobée la queue des veaux et se bat avec
le coq. Quand un mot s'attarde dans mon stylo, je le secoue
de ma chaise longue dans le lac... Mais parfois c'est en moi
qu'il hésite, et il faut que je me lève moi-même, que je m'ac-
coude, parfois me penche.

Avec qui je suis? Avec deux amis, un forestier, et un
poète australien. Le matin est à Carnegie, le forestier. Dès
six heures, d'une nage droite à travers les îles, où chaque
propriétaire impose une heure différente selon qu'il veut
voir lever ses enfants tôt ou tard, il me conduit à son district.
Les bêtes silencieuses s'éveillent dans les bois qui ont encore
leur nom indien, le rat musqué se lève, le héron bleu vole
d'une presqu'île à une île, de l'île à un îlot, vole vers midi.
Nous débarquons à la hâte, évitant le naufrage, car un sapin
coupé glisse déjà du haut du toboggan vers le lac ; nous allons
à la scierie par un chemin jadis couvert de sciure, mais qu'il
a fait goudronner depuis qu'il y perdit sa chaîne d'or. Il

m'apprend le secret qui fait distinguer le pin rouge, le pin 61
blanc, le pin noir ; assemble son équipe de bûcherons qui
va partir pour la France, me force à leur dénoncer en français
nos plus grands arbres, le chêne, l'orme, et je sauve avec
peine les hêtres, vos préférés. Dans les raccourcis nous
allons, sous les ronces, dignement, en gens qui ne parlent
pas la même langue, et pas un de ces gestes nobles n'est perdu,
mon amie, car la forêt est pleine de lynx. Dans les clairières,
il me montre les restes des feux de bois qu'il a allumés depuis
son enfance, et les tisons de vingt ans noircissent encore les
doigts. Attendri, il s'assied, douce amie, il rêve... et soudain
quatre petits blaireaux, amie adorable, sortent effarés de
terre ; de vrais petits blaireaux, mon cœur. Nous les attra-
pons : ils piquent, ils se débattent ; nous les caressons, mon
amour.

Mais le soir est à Rogers, l'Australien. Tout est obscur,
tout invisible, on ne voit qu'un point rouge, le cigare de
Carnegie qui pagaye sans bruit sur le lac. Mais, à des milles,
l'arbre privilégié qui annonce chaque soir la lune soudain
tout entier étincelle. C'est qu'arrive une lune entière. Tout
est radieux, tout éclaire. Des rochers affleurent, polis comme
des os de seiche. Autour du lac le reflet des forêts, cassé et
saccadé, devient une bordure égale. C'est l'heure où les
Indiens donnèrent un nom à ce qui nous entoure. Les Montagnes Blanches deviennent blanches, les bouleaux jaunes
jaunes, bleus ces hiboux. Chaque plan du lac semble à un
niveau différent, et la lune ronge l'eau aux écluses. Nuit

62 divine, ce soir, où les Montagnes Blanches sont d'argent,
les bouleaux d'or. Voici l'heure enfin de choisir, ma maison,
mon âme, le nom que je veux vous donner. La grenouille

taureau gémit ; le loon, cygne
noir du lac, pousse un cri tour
à tour éclatant et voilé, car il
plonge sans cesse sa tête et la
ressort. La vraie lune s'écarte
sans en avoir l'air de la fausse
lune... Mais Rogers s'obstine
à ne pas se taire. Il veut que
je lui parle de Seeger, qui est mort, de Blakely, qui est
mort, car tous les poètes américains ont été tués avant qu'ait
commencé la guerre américaine. Il s'obstine à parler français
sans permettre que je l'aide, et tourne autour des mots qu'il
ne sait plus, autour du mot "débonnaire", autour du mot
"échelle", du mot "sérénité". Réfugié au cœur même du mot,
je l'attends, placide, au cœur d'un nom propre quelquefois,
au cœur de Baudelaire, maintenant, opprimante statue. Puis
il me lit ses vers, qu'il désire adapter pour l'Europe, car les
mois en Australie diffèrent trop des nôtres :

— Juillet a gelé les rivières, dit-il, et les ponts inutiles
sont rassemblés dans la grange...

Je lui fais signe, il comprend, il corrige lui-même :

— L'été a gelé les rivières, et les ponts...

Le loon chante. Le lac flamboie, c'est Carnegie qui allume
un second cigare. Rogers s'émeut, prend ma main, et tourne

autour d'un mot sur les loons à la fois et sur l'amitié, que 63
nous aussi en France, hélas, nous ignorons!

※

Quand la tempête éclate ; quand, par millions, les propriétaires des cottages amènent sous l'averse le pavillon à
sept raies rouges ; quand un éclair vous laisse apercevoir,
dans l'auto qui précède, par le mica de la capote, les ombres
de deux têtes graves ; quand l'oiseau noir aux ailes rouges
rentre ses ailes ; quand les progermains, baissant leur fenêtre
à guillotine, se sentent soudain isolés, vaincus, et pleurent ;
quand sur les gazons publics la foule se précipite vers les
tentes des sergents recruteurs et les aide à pousser à l'abri
leurs réclames, torpilles et mortiers ; quand la mère à cali-
fourchon derrière la motocyclette pourpre essaye en vain
d'étendre la main vers le bébé qui sommeille dans le side-car ;
quand sur les clochetons des granges tournent affolés, mais
en mesure, les cerfs d'or, les chimères, les vaches d'or ;
quand sur l'avenue vide reste un soulier plein d'eau ; quand
un coup de vent soulève la page du comptable manchot,
et qu'il la retient de la pointe de sa plume, appelant à l'aide ;
quand on n'entend plus sur les trottoirs, sur la mer, sur les
bastingages, que la pluie... — puis quand un rayon descend,
qu'un nuage tranchant le coupe, qu'il tombe ; quand l'arc-
en-ciel vacille, sa gauche sur le béton du quai, sa droite sur
la mer ; quand on retire dans un coin du ciel, comme la dernière allumette qui reste, le soleil, quand il flambe enfin ;

64 quand la lumière victorieuse bat d'un centimètre, sur la terrasse, la goutte partie de cent mille fois moins loin qu'elle ; quand la demoiselle de magasin se précipite en riant dans le magasin d'en face ; quand le progermain remonte sa fenêtre, voit des dieux gras et solides, mouillés jusque sous leurs fourrures, lutter jovialement entre eux, et Erda glisser, Erda tomber, car le ciel est glissant, en ouvrant ses grandes jambes blanches ; quand le bébé dans le side-car reçoit sur le nez la dernière goutte et crie... — puis quand les nénuphars se haussent au-dessus de la couche d'étang nouvelle ; quand

le fermier en bottes va vider de leur eau les pots de résine et de sirop d'érable ; quand un enfant, il ne sait par quel bonheur poussé, veut brûler du papier d'Arménie ; quand le voyageur, au tournant du cañon, descend de son mulet, le caresse, et soudain remonte vite, car il veut garder sa place sèche, et car l'orage recommence ; quand la pluie retombe, s'acharne, la même, dont on reconnaît les gouttes :
— alors je pense à lui, Seeger, qui aimait les orages, et je frémis...

— Comment est mort Seeger ? demande Rogers.

Dans un mois Rogers part pour la guerre, et il ne perd 65
pas une occasion de savoir comment les poètes, ses collègues
y sont tués. Il serait bien étrange que deux poètes fussent
tués de la même façon, de la même exacte façon, et chacune
de leurs morts est donc la mort qu'il n'aura pas. Il ne diva-
guera pas, comme Brooke, disant au hasard mille prénoms,
et mourant au premier nom de femme. Il n'aura pas le temps,
comme Dollero, de m'écrire trois billets, le premier avec une
brindille et son sang, me disant adieu, le second avec le crayon
de l'infirmier, espérant me voir, le dernier avec le stylo du
major, confiant, heureux,.. inachevé. Il ne tombera pas mort,
comme Hœsslin, le poète allemand, sur le dos d'un sergent
son disciple qui se releva lentement avec sa charge et l'apporta
sans se retourner à l'ambulance. Il lui faudra une tombe
entière, puisqu'il ne mourra pas comme Blakely dont les
pauvres vestiges tinrent dans une boîte à palmers. Ce ne sera
pas au crépuscule, comme Drouot ; à midi, comme Clermont.
Si Seeger est mort à l'aube, il ne lui restera plus guère que la
nuit... Nuit amère qui se perpétue sous les jours comme un
sombre fraisier... Nuit douce, avec son lac, ses loons, nuit sur
les paquebots de Sydney, où le monde se tait, où il n'y a plus
contre la pensée d'un poète que tout le bruit d'un vaisseau...
Nuit près d'une source de France, où l'on souffre à peine de
sa jambe fracassée, où l'on mâche du cresson. Nuit obscure,
avec soudain, au centre, chaque rayon découpé par le velours
noir, le soleil... Heureux qui meurt la nuit !

— Comment est mort Seeger ? Le connaissiez-vous ?

E

66   Rogers est astigmate, il a deux grosses lunettes d'or à verres dissemblables et il vous pose toujours, aussi, deux questions différentes à la fois. Oui, je l'ai vu. Une fois, au Luxembourg, l'été : il entrait dans le jardin irréel, peuplé de Parisiens fantasques et tendres, et ceux qui se sentaient trop lourds pouvaient acheter de petits ballons à la porte. Une autre fois, chez un ami qu'il avait recherché l'avant-veille, sans le trouver, et il avait laissé un distique, — la veille, et il avait laissé un sonnet. Mon ami se laissa surprendre au lit le troisième jour, sinon il aurait eu au moins une ballade.

— A-t-il souffert? Avez-vous lu ses derniers vers?

Car Rogers recueille aussi le dernier poème de tous les poètes tués. Il recueille même leurs dernières lettres en prose, où parfois, comme les armes d'un guerrier qui s'habille dans son appartement, deux mots par hasard se heurtent, riment, et l'on tressaille. Dernière lettre écrite à une tante entre les deux derniers poèmes, où malgré eux ils emploient le nom poétique, l'autre ne venant plus, où ils disent "les coursiers", les "pleurs", le "glaive", et se voient contraints d'être un peu ironiques. Derniers poèmes où presque tous voient la mort; et comme elle devait les surprendre, exactement : Seeger comme une amie envieuse à un rendez-vous. Dollero comme un orage avec trois oiseaux, Blakely comme un monstre sans tête — et où Brooke seul prévit tout à contresens. Pauvre Brooke en effet qui nous disait à tous : — Si je meurs, songez que dans une terre étrangère, toujours il y aura un coin de notre terre, qu'une poussière plus riche que la terre y sera

contenue, un corps d'Angleterre lavé par les rivières anglaises, 67
brûlé par le soleil anglais, un corps horizontal, tendu sur la
ligne de tous les ancêtres anglais... — et qui est mort sur un
bateau, et qui fut jeté dans la mer, avec le boulet qui main-
tient vertical son suaire. Et, plein de pitié, mais mis en méfiance
de sa divination, feuilletant ses autres poèmes, on ne croit
plus exactement ce qu'ils affirment, on ne croit plus que
l'amour est une rue ouverte où se précipite ce qui jamais
ne revient, un traître qui livre au destin la citadelle du cœur,
un enfant étendu. On se butte un peu, on vous contredit, —
pauvre cher Brooke — on s'entête à croire que l'amour est
une rue, si vous le voulez, mais fermée, où un traître, mais
alors un traître qu'on trahit, et parfois l'on voit ce doux
enfant vertical, flottant tristement dans l'air.

Comment Seeger est mort ?

C'est l'été. Tout ce qui empêche de respirer l'été, son
képi, son masque, il l'enlève. Il tient son cigare derrière lui,
à cause de la fumée ; le voleur de la compagnie le lui vole,
et Dieu merci, car ses mains après sa mort ne se brûleront
pas sur lui. Puis il s'étire, mais sans lever les bras, à cause des
balles, les bras en croix. Il a juste une minute à vivre. Votre
montre est devant vous, avec son cadran à secondes. Une
minute et il va mourir. Il a dans sa poche le flacon d'hélio-
trope, qu'il va écraser en tombant. Avant qu'il soit mort,
vous n'avez même plus le temps, maintenant, de tracer cette
courte phrase qui lui servait de devise, qu'il écrivait avant
chaque poème — au sujet des peupliers. Si c'est un obus,

68 on charge le canon. Si c'est une balle, le soldat allemand tapote son chargeur, le glisse. Seeger lève la tête. Le ciel est tout bleu. Un peuplier, oui, un peuplier se dresse à l'horizon. Seeger gravit la marche de tir. Un oiseau, oui, un...

✳

Ainsi ont passé mes trois jours de repos, et aujourd'hui il est midi. Je pense à vous qui d'Europe m'écrivez chaque semaine une lettre d'humeur inconstante, dont le papier même est de couleur différente, et chacune est lancée par un phare qui tourne... L'amour est un cheval qui se cabre, une antilope qu'on attelle, un traître fidèle... Le soleil est juste au-dessus de moi maintenant. J'écrivais, pour épargner mes yeux, dans l'ombre de ma tête ; la voilà comble ; adieu amie. J'écris un dernier mot, j'écris ton nom en plein soleil.

POUR GROTON ET MIDDLESSEX

Le mois finissait. Il était facile de s'en apercevoir : aux librairies des tramways souterrains, derrière les vitres des pharmacies, dans les salons des clubs, sur chaque table le soir près du lit ou le matin au déjeuner sur chaque nappe rose près du pamplemousse, les trente têtes de femmes qui ornaient les couvertures des trente grands magazines et illustraient les bars les plus perdus de l'Amérique, avaient cédé peu à peu leur place à trente images nouvelles, moins caressantes, moins

70 fraîches peut-être ce mois-ci, mais entières, nues ou en
maillot, car juillet venait. Les commissions, les visites,
la vie menée, pendant un mois, entre trente visages éclatants et doux (car les femmes en juin sont d'humeur
soumise), allait se continuer un mois entre le même nombre
de corps dédaigneux ; et certaines tournaient même le dos,
ajustant leurs bas ruisselants ; et les flèches familières de
trente affectueux regards étaient retirées de votre cœur, —
de trente moins une — car le magazine d'une ville lointaine n'était pas encore renouvelé et une tête du mois
écoulé survivait. C'était aussi samedi, et toute l'Amérique,
avant de s'enfoncer dans la saison des vacances — comme elle
se douche avant de se jeter dans la piscine — énergiquement
se purifiait du travail par un week-end. On éteignait les
cheminées des usines à midi juste ; il ne restait sur le sol
du four qu'un petit cercle d'or, tout rond, car le soleil
était au zénith et tout plat. Au moment où le rideau de fer
allait atteindre le tapis des devantures, décidés enfin, les
directeurs à quatre pattes s'évadaient. Dans les hauts bazars
transparents on voyait de la rue chaque étage se vider de ses
ombres, en commençant par le plus élevé, et les façades
peuplées de reflets innombrables devenaient pour deux jours
insensibles. Les vrais soldats commençaient à s'habiller
pour ces deux jours en civil, et tous les autres Américains en
uniforme. Les vétérans de la Sécession, esclaves des horaires,
se hâtaient vers les trains ; les omnibus combles de fillettes
en kaki brûlaient les stations, où attendaient avec honneur

les garçons en Peaux-Rouges. Pensant que Nelson meurt et
renaît chaque semaine, les marins nouaient à leur cou la cravate noire de sortie qu'on prescrivit jadis le jour de la mort de Nelson. Les sociétés secrètes arboraient des gilets lilas brodés de cornes en argent, des parapluies jonquille à raies roses, et tous les insignes du secret. Les musiques s'acheminaient vers les stades, chaque musicien à deux mètres de son voisin, confondant sans doute l'intervalle du son et celui de la pensée. C'était le week-end, on mobilisait pour le week-end, il n'y avait plus une minute à perdre.

Comme tous les samedis, on nous enlevait pour les parades, et les deux petits capitaines de l'école Lowell me conduisaient inspecter leur bataillon. Tout acte, aux Etats-Unis, toute pensée — comme un mot entre ses deux tirets, comme un oiseau entre deux flèches — s'encadre entre deux courses en auto sur une route toute droite. Mes guides avaient seize ans et chacun me présentait l'autre. Aux arrêts le capitaine Mills me disait les qualités du capitaine Size, assis derrière nous, qui s'accoudait pendant la marche pour louer Mills ; ils semblaient parfois faire leur propre éloge, mais si dignement que cela même n'eût point choqué, et l'on ne pouvait avoir pour soi-même une plus raisonnable estime. Nous traversions Lexington, Arlington, tous les cercles de passé dont s'entoure Boston, les seules villes en Amérique où la première génération des choses d'Europe, les maisons semblables au Parthénon, les pommiers, les gazons, ait atteint la vieillesse. A gauche, au-dessus de

72 mille étangs et d'églises en bois jaune, aidée par la brume, l'Histoire prenait son repos, satisfaite d'elle-même, et, à droite, les nuages nés de l'Océan appuyaient sans haine contre les nuages nés du ciel. Route pour moi inconnue et j'éprouvais — c'était bien cela, ce n'était pas la nostalgie et je commence, à mon âge, à ne plus confondre les sentiments les plus subtils, ce n'était pas l'amour des hêtres, l'espoir d'une lettre d'Océanie, — j'éprouvais la volupté de l'homme qui revient, sa jeunesse finie, vers le pays où il est né ! Jamais je n'avais vu pourtant trois nègres avec un Chinois, sur un balcon, s'entraîner dans un appareil à rames ; jamais cette prison d'où un vieillard à foulard rouge, qui sortait, nous salua ; jamais une quarteronne, entre deux colonnes doriques, tourner la tête de son fils, qui étreignait un cheval de bois violet et jaune, vers un cheval vivant noir et blanc, et lui apprendre pour la vie l'art des comparaisons ; jamais, dans un bar, avec ses bottines de chevreau blanc, l'amour lui-même, roux, avec un nœud grenat, vêtu en fille ; mais toute âme ce jour-là gonflait exactement chaque être, tout était jeune et verni, tout me ramenait à la source de la couleur, de la jeunesse, et je croyais revenir à mon village.

Les autos sifflaient, les trains sonnaient. C'était le jour où les voleurs d'enfants, dans une automobile Ford volée qui leur appartient désormais, car la police, pas plus que Ford, ne peut reconnaître une Ford d'une autre, s'efforcent de ravir le bébé à la fois le plus riche et le moins singulier,

reculant devant les yeux violets, les fossettes. Des mères 73
détournaient avec crainte de nous leur fils adoré, semblable à tous. Une à une nous dépassions les voitures qui,
de tous les Etats, — on reconnaît l'Etat au nom inscrit sur la
plaque — viennent chaque samedi visiter Concord, patrie
de tous les poètes et philosophes d'Amérique ; — les banquiers de l'Ohio, de l'Oklohama, qui n'ont lu Emerson que
tout haut et en famille, par autos combles, avec une petite
fille sur le capot comme épigraphe ; — solitaire, dans une
voiture immense, le Californien, l'Alaskien, qui verra
les tombes illustres sans sœur, sans ami, qui lisait seul, le
soir, dans sa cabane perdue, les chapitres sur la modestie, la
franchise, qui appelait son chien, le caressait, lui disait la
vérité ; — de jeunes époux de New-York, qui croient que
tout les regarde encore, et ferment par pudeur leurs yeux
sous les regards trop vifs, regardés par les ruisseaux, les
oiseaux ; — une famille égoïste, j'ai pris son numéro, qui,
sous ses masques de mica, se croyait dispensée de rire,
de sourire. Puis soudain la route fut libre, toutes les autos
s'engouffrant dans le domaine où naquit Thoreau, moins
l'Alaskien qui commença la visite par la maison où il
mourut, prenant au plus court pour l'atteindre encore.
Puis une rivière fut franchie, coulant au ras des pelouses, et
le canot rouge empli de fillettes qui entrait sous le pont, en
sortit, malgré ses efforts, trop tard pour nous bien admirer.
Pour la première fois gardiens d'une vie française, comme
si elle eût pu plus facilement qu'une autre prendre feu,

74 se casser, se tordre, Mills et Size ne fumaient pas, m'évi-
taient tout heurt. Discrets, et comme si l'uniforme bleu
n'eût rendu invisible que mon visage, ils me remerciaient,
à chacune de mes questions, de le reprendre pour eux et
ne répondaient qu'à lui. Pudeur soudaine, — ils se rappe-

laient ce qu'on dit de nos épouses sans liberté, généreuses
et folles, de nos regrets le soir sur la montagne Mont-
martre, sur la montagne Montparnasse, de la différence si
nette entre nos hommes et nos femmes, — au lieu de le
frôler, ils contournaient presque un passant jeune fille. Ré-
signés à ne pas me demander si j'avais tué avec mon revolver — encore moins avec ma baïonnette — si, épuisé,

j'abandonnai, après l'avoir sauvé d'abord sur mes épaules,
mon meilleur ami blessé, pour me prouver leur confiance
ils m'avouaient leur seule querelle : Mills aimer le désert,
Size les villes. Mills préférait la liberté, Size la justice. Aux
beautés du pays que me signalait Size, Mills, qui était de
l'Ouest, opposait les beautés de l'Orégon, toujours d'ailleurs
froides et dures ; à la forêt frissonnante son énorme forêt
pétrifiée ; au ruisseau son Grand Cañon de marbre d'or et
de plâtre bleu ; et devant la maison de Longfellow seulement dut se taire, car ils n'ont pas encore eu, dans
l'Ouest, des poètes en cristal ou en onyx.

C'est la coutume que les bâtiments de l'école lui soient
offerts deux à la fois et par deux amis, et l'on relie par une
pergola ou un cloître les présents jumeaux : le théâtre l'était
au Club de la Sagesse, l'église au Musée des oiseaux, le
Château des professeurs à la piscine — pour que leurs
femmes de la fenêtre surveillent le bain — et il venait donc
à l'esprit que l'amitié unit toujours un enfant sérieux et
un enfant frivole. Nous arrivions un jour heureux ; les
cloches sonnaient, qu'on tire chaque fois qu'un ancien
élève se marie, et le marié était justement le donateur de
l'église ; on devinait l'ami des oiseaux, son garçon d'honneur, le félicitant, lui glissant dans la main, à la sacristie, un
rouge-gorge. Les clairons jouaient à notre droite, d'un clairon
neuf pour les ordres donnés par Mills, d'un clairon de la

 guerre de l'Indépendance pour mes remarques. Devant la tribune des invités, debout, je n'osais grimper sur l'estrade solitaire apportée pour moi de la bibliothèque, un escabeau masqué de lilas, dont la bibliothécaire changeait les fleurs, sans doute, selon le livre qu'on voulait atteindre. Je ne remarquais pas que parents, cousines et sœurs étaient au

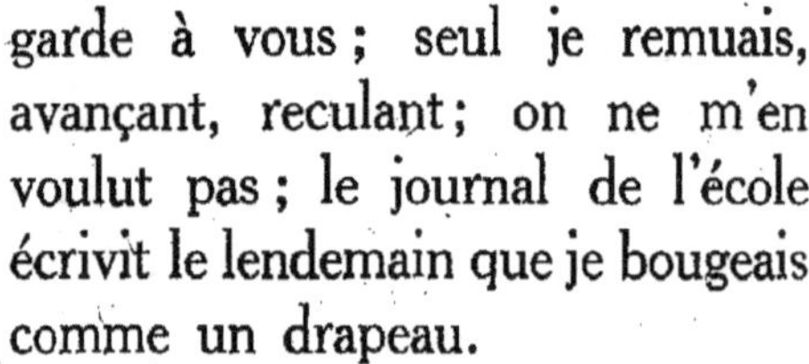

garde à vous ; seul je remuais, avançant, reculant ; on ne m'en voulut pas ; le journal de l'école écrivit le lendemain que je bougeais comme un drapeau.

La manœuvre commençait. La compagnie des signaleurs nous prévint qu'une guerre était déclarée. Aussitôt les quatre lignes de la compagnie Mills, ouvertes à larges espaces, s'emboîtèrent dans les quatre lignes Size et tournèrent en sens inverse. La T. S. F. nous indiqua l'arrivée des uhlans. Aussitôt, entre deux sections au repos, les six autres formèrent chacune une lettre du mot France. Puis elles défilèrent, le drapeau les précédant. Ce jour-là encore il avait une étoile de plus qu'il n'était mort d'Américains pour la France, étoile masquée de soie bleue que le porte-étendard, chaque matin, en ouvrant le journal, tremblait non sans espoir d'avoir à délivrer ; et pour la première fois le drapeau américain me fit un salut personnel, il s'inclina, et surpris, confus,

au lieu de saluer, je m'inclinai ; et désormais nous nous
connaissons, nous sommes amis. Puis, pour que la revue
semblât sans fin et que les spectateurs dans leur esprit la
vissent toujours continuer, les soldats disparurent noblement
derrière un mamelon. Une fillette crut à un vrai départ et
pleurait, appelant son frère.

Déjà ceux qui étaient trop jeunes pour parader s'approchaient. Les fils de ce M. Norton, le botaniste, qui tint à composer à Paris sa thèse sur les lichens, refusant les invitations du grand spécialiste autrichien, et bien qu'il eût reçu de lui un tracé Paris-Vienne si fertile en lichens qu'il eût pu le rejoindre en traîneau tiré par des rennes ; les petits-fils du sénateur Lodge, qui avaient habité rue de Monceau, et désiraient m'en dire un mot, ainsi que de l'avenue Jules-Janin, et le plus jeune fut autorisé à me serrer la main. L'aîné, qui avait la rougeole et devait se tenir à trente mètres de tout camarade, eût le droit de me crier bonjour.

— J'ai de l'irritation sur la peau, cria-t-il.

— Ce n'est rien. Approchez !

— Vive la France ! cria-t-il en fuyant, car je marchais sur lui.

Un autre enfant nous escortait de plus loin encore, de l'autre côté de la route. Je demandai ce qu'il avait, il n'avait rien. Sur mon signe, il s'approcha, repartit bienheureux. Il avait sans doute qu'il était pauvre, orphelin : on m'avoua le soir qu'il n'était pas de l'école. Mais déjà le bataillon

78 débandé revenait vers moi, chacun traînant son cadet, sa sœur cadette, car on ne croit en Amérique qu'à ce qu'un enfant peut voir en même temps que vous. Déjà les actrices qui jouaient Caliban au Stade, la répétition finie, poussaient, clavier tout jeune, leurs petites autos blanches entre les autos noires des mères, et je devais leur expliquer le combat, et qu'on a le droit de tirer sur la seconde ligne des tirailleurs ennemis, même si la première est intacte.

Le directeur venait vers nous, au travers des pelouses, escorté d'élèves qui devaient suivre les allées et décrivaient en courant des losanges, des huit, des S, autour de cet axe inflexible. Le thé fut pris dans son bureau où il recueille, accrochés au mur, les portraits des élèves les plus intelligents, des élèves morts, des plus beaux, et il me montrait ceux qui étaient à la fois dans les trois panneaux. Cloués face à la fenêtre, pour qu'on les vît mieux, les morts étaient déjà jaunis par le soleil. Sa fille Ruth nous servait, l'actrice, si maniérée quand elle joue, si naturelle dans la vie, avec Helen Doster, son amie de théâtre, qui a les qualités inverses, et toutes deux ce jour-là, l'une jouant, l'autre vivant, étaient également heureuses, simples. Elles me conduisirent au Hall.

Dans le Hall, il y avait les huit plaques des anciens élèves tués en France et les cendres même du neuvième, qui, suivant dans la guerre mon tracé exact, aux mêmes jours que

moi s'était trouvé dans les hôpitaux en Occident, sur les 79
navires en Orient. C'était de tous les Américains celui dont
la jeunesse ressemblait le plus à la mienne, car Ruth me
conta sa vie, et ce que je fus dans mon lycée sous un autre
nom je l'avais été dans cette école. On me montra son
dialogue, inachevé, sur Clytemnestre à Boston ; on me le
donna, je le finirais; on me montra ses dernières lettres, où
je disais vouloir mourir pour un autre pays que le mien, où
je demandais au directeur des boîtes de crackers, depuis
revenues et que l'on mit, pour mon régiment, dans mon
auto ; ses photographies, et je vis ce qui aurait été à Beverley
mon cheval, ma maison, ma sœur. Une maison calme et
fleurie sur une île, dans un estuaire, et l'eau était salée à
l'est, douce à l'ouest et dorée ; une sœur déguisée en pierrot
noir, impassible sous le magnésium, une sœur qui regarde
le soleil en face. Nos destins même un jour s'étaient croisés,
puisque je reconnus de Dorothée Simpson la même photo
que j'ai, la même dédicace, et certains de ses goûts ont
peut-être passés depuis et grandissent en moi, celui des yeux
trop grands, des cheveux trop longs, des bouches trop petites,
pour moi jusqu'à Dorothée si détestables.

Mais déjà le soleil s'abaissait et faisait scintiller tout le
long de la colline, comme si le ciel avait les trois bordures
qu'a la mer dans les atlas, les trois fils de cuivre du télé-
graphe. Nous avions à gravir les pentes sur lesquelles

80 Longfellow et Emerson allaient rêver, et sur deux bancs différents, car ils rêvaient parfois le même jour. Deux élèves étaient nos guides ; Bobby, le poète officiel de l'Ecole, qui rédigeait les discours en poèmes, les compliments en sonnets, et Harry, poète aussi, mais qui l'ignorait, et aucun maître n'osait le lui révéler, car il était le meilleur élève de la classe, et que peut-il advenir des thèmes ou des versions d'un somnambule qu'on éveille? D'une humeur infaillible, comme nos sourciers de France s'arrêtent juste au-dessus du bloc d'eau enterré, parfois il s'arrêtait, ne bougeant plus, et Bobby se hâtait vers lui, et le professeur aussi courait, car au point qu'il avait choisi il y avait toujours un vers à trouver pour Bobby, et pour le professeur un précepte moral.

Ainsi nous allions, Bobby sur nos talons, que des joies soudaines atteignaient, mesurées cependant et équilibrées aussitôt, selon leur poids, par un distique ou par un quatrain, qui croyait chercher des rimes en s'attardant devant deux fleurs ou deux nuages qui se ressemblent, et loin devant nous Harry vagabond, âme de découverte, que le directeur aujourd'hui surveillait sans émoi dans ce paysage connu, comme le chasseur son chien dans son propre clos. Du banc d'Emerson, je contemplais cette contrée où j'étais venu insensible, où j'avais repris peu à peu les biens que nous prend la guerre, le goût du ciel, le goût des forêts et des eaux. Triste départ de Paris, où mes amies me soignaient comme on soigne un musicien sourd, un peintre aveugle ; où j'étais

leur poète insensible. Tristes mois où rien ne m'attei-
gnait, où j'apercevais tout à travers un voile, où je n'arrivais
à soulever jusqu'à moi un être, un objet qu'en leur trouvant
une ressemblance, et encore c'était une ressemblance avec
un être et un objet d'un monde qui me restait inconnu.
Mais aujourd'hui, je voyais, j'entendais. Un brin d'herbe
crissait sous une dent de cigale, un brin d'herbe s'était plié,
un autre noué, et il n'y avait point à craindre l'oubli, ce jour-
là, de la part du dieu des gazons. Deux ormes hirsutes res-
taient courbés à l'angle droit devant deux ifs, dans la pose où
nous les avions surpris, confus, désespérés d'avoir appris
aux hommes que certains arbres sont esclaves et d'autres
Génies. Nous ne parlions pas ; le roulement des autos
reliait des villages dentelés qui tournaient lentement.
Nous songions chacun à ce qui est sa pensée seule, mais
toutes ces pensées parfois se rejoignaient sur un oiseau,
qui volait entre nous, qui, d'une aile à reflet, renvoyait à
celui-là la pensée et le regard que celui-ci avait jetés. De
sorte que soudain je pensais, et sans en voir la raison, à
un chien fidèle, à la France, et, pensée du Directeur sans
doute, à Dieu lui-même. Tout ce qui peut faire comprendre
la vie de la terre, un ruisseau avec des méandres, une carrière,
un étang, voilà quel était le paysage du philosophe qui ne
voulut expliquer que les hommes. On voyait de biais encore
le cimetière, et les lourdes pierres des tombes en raccourci
comme les morts eux-mêmes dans Rembrandt. On voyait
les élèves courir sur une piste, et, à l'arrivée, séparés par

F

82 des intervalles immenses, ceux que d'en bas le juge terrestre ne voyait distants que de quelques pouces. On voyait sur une écluse le canot rouge aller, moi seul savais par quelle faiblesse de ses avirons, saccadé et sans but, et dans les grands domaines, pour la fureur des propriétaires, les fermiers user avec leur Ford les chemins neufs. On voyait, au milieu d'un fourré, de granuleux pommiers sauvages en fleurs et c'était la trace d'une des premières fermes d'émigrants, et les quakers qui n'ont jamais souri laissent ces squelettes parfumés... On croyait tout voir... Mais le directeur soudain nous montra Harry, étendu au-dessus de nous, qui avait trouvé, dédaignant celui d'Emerson, le vrai trône de la vallée, qui, bientôt, orienté dans sa vraie ligne, ne bougea plus, qu'il fallut rejoindre... Pauvre Emerson qui

ne vit jamais, au ras du ciel,
autour d'un clocher poin-
tu, ce bosquet vers lequel volait un oiseau, puis allait un
bicycliste, puis s'enfuyait
un chien, puis courait un pié-
ton, et qui ignora peut-
être toujours qu'en Nou-
velle ~ Angle terre, le soir,
humains et animaux, s'u-
nissent sous un bois d'éra-
bles et s'éten dent, mais al-
ternés, pour le sommeil.

FILM

U n matin...

Je mens. Ce n'était pas un matin. Mais laissez-
moi essayer à vide toutes ces phrases qui soudain,
au cinématographe, apparaissent sur l'écran, d'or en Europe,
d'argent en Amérique, pour vous annoncer ce que l'on redou-
tait le plus, ou aussi, c'est si bien la vie, ce qu'on n'osait plus
espérer. Laissez-moi contrôler mon cœur, s'il répond, s'il est
un cœur naïf... Un matin... Toi qui es près de moi, pose ta
main sur ma poitrine, et prononce ce mot sans m'avertir, et

84 je vais penser à la nuit pour que le coup soit plus sensible...
Que tu parles brusquement, amie, quelle secousse ! quel
mauvais boy d'ascenseur tu ferais !

Une nuit..

Seul être qu'on approche en le fuyant, qu'on voit en
fermant les yeux ! Nuit de New-Jersey où les feuilles des
palmiers claquent de chaque dent sous la fraîcheur, où
l'étang est de plomb, et sur lui les cygnes glissent tout hors de
l'eau, on voit leurs pattes ; où le mari rentré du club avant
la fin de l'opéra, contemplant la photo de sa femme Ivy,
découvre sur les lèvres la trace de deux lèvres et ne sait
ce qu'il doit souhaiter, savoir son meilleur ami amoureux
d'elle ou apprendre que c'est elle-même, égoïste, qui s'embrasse. Nuit d'été, que l'opérateur poursuit en plein midi
et avec une plaque bleue, de sorte qu'on voit animé tout ce
qui dort à pareille heure, les canards d'Inde sur les bassins,
la tête d'un facteur, et des petites filles en pyjama qu'un
bandit vole de leur berceau à minuit juste et qui clignent
des yeux à cause du soleil.

Soudain...

Mot qu'ils emploient toujours à contre-sens, pour dire
" alors " ! Soudain, lentement, la femme imprudente vient,
honnête, chez l'Oriental ; il la marque au fer rouge de la
première lettre du mot Japon (moi je peux l'épouser, j'ai
la même initiale...) Soudain, peu à peu, le professeur français de troisième classique, égaré dans la ville des cow-boys,
raconte les aventures qui lui arrivèrent en Europe : ce

brigand qui l'avait étendu sur un lit, qui coupait les pieds
de ses victimes quand ils dépassaient à travers les barreaux
de cuivre, quand les jambes étaient trop courtes qui les
allongeait par des supplices — lui avait eu juste la taille;
— ce cheval indomptable qu'il changea en agneau, qui
avait peur de son ombre, qu'il monta simplement un jour
de pluie, les autres jockeys étaient pâles de fureur, inondés...
Soudain, à pas de loup, doucement, l'enfant qui a trouvé
une boîte de tisons veut allumer des taches de soleil sur
la vérandah et met le feu à la maison.

Un soir...

Mais cela c'est mon histoire.

Ecoutez...

Un soir, rentrant de l'exercice, j'appris par le portier du
Harvard-Club que Clyton m'avait demandé quatre fois et
qu'il attendait dans ma chambre. Mais c'était mercredi,
le jour où venait le courrier de France, et je ne me hâtai
point. J'avais depuis trois mois l'habitude d'ouvrir aussitôt mes lettres et de les lire debout, appuyé au bureau
du caissier. Je l'aurais désobligé en les emportant intactes.
Il me souriait en silence, et derrière le pupitre d'en face la
téléphoniste évitait de parler haut, comme pour me laisser
téléphoner dans un pays lointain. La dernière lettre lue,
il demandait si tout allait bien en France. Tout allait bien.
Les mercredis sans courrier, il me consolait et me donnait

86 les nouvelles de Niagara Falls, sa patrie, où tout est à peu près parfait.

Aujourd'hui je mentais. Tout n'allait pas très bien. Jacques s'était tué en avion. Les messages de morts qu'on reçoit en France à chaque heure m'arrivaient tous ensemble dans cette seule journée. Amis chargés pour moi, quelques instants à peine après leur mort, dans le transatlantique, mais qui n'étaient plus que des ombres, après un si long voyage, en débarquant. Malgré ma pitié, ma peine, je ne parvenais pas à veiller un cadavre étendu ; un mois, tout un mois maintenant qu'ils étaient morts ; ils me touchaient, mais déjà impalpables ; leurs yeux à nouveau étaient ouverts, leurs bouches souriaient. Spectres venus pour moi seul dans ce continent nouveau, je les sentais souffrir de ce bruit, de cette électricité, pénibles déjà à des émigrés vivants, d'entendre la téléphoniste appeler en chuchotant Boskie-witch, être débordant de santé, de la part de J. K. Smith, qui certes un jour mourra, mais qui n'est point mort. Je montais chez moi ; les lettres ouvertes ne tenaient plus dans ma grande enveloppe, je déchirais le haut des enveloppes, je jetais les morceaux déchirés, je les regardais sur le plancher; je pensais à la terre qui reste d'une tombe fermée, je les ramassais... Huit jours, j'avais huit jours jusqu'au prochain passage. Huit jours pour rayer une adresse, dans mon carnet, de la liste justement qui servira à établir mes lettres de faire-part ; huit jours pour imaginer qu'une veuve n'était plus folle ; que les enfants avaient remplacé la phrase

pour un père vivant, dans la prière du soir, par la phrase
pour un père mort ; qu'une mère recommençait à manger
un peu, à boire un peu de lait, à ne plus résister à ceux qui
parlaient de phoscao, de biscottes..

Aujourd'hui Jacques était mort. Avec Gonzalve, qui ne
le quittait pas et que nous commencions, lui aussi, à aimer.
L'avion qu'il conduisait s'était abattu près de Meaux, et
ainsi mon ami si cher avait tué avec lui le seul moyen de le
retrouver un peu, un ami à peine moins cher, son seul
reflet. Il était mort ausitôt. Gonzalve avait vécu huit heures.
Les amis de Jacques étaient arrivés en foule de Paris, de
Dammartin, de Melun. Gonzalve put les recevoir, leur
parler, leur dire que Jacques n'avait pas commis de faute :
L'avion s'était abattu de lui-même, et comme pour certains la vie se brise sans qu'ils aient eu un premier léger
tort envers elle, une première maladresse, fait un petit men-
songe, conçu une petite haine. Toute sa famille était trop
loin, à Pau, à Nice, quelqu'un à Venise ; il écrivit à sa mère,
à son père, signa avec son sang, — fit recharger son stylo, —
à une amie, mais il ne vit que les amis de Jacques, leur
transmit les derniers mots de Jacques, qui furent ainsi, à
huit heures d'intervalle ses derniers mots. Il était calme,
calme. On se consolait presque de donner cette parcelle
sereine à l'éternité. Mais on pensa tout à coup, un inconnu
qui se trouvait là pensa à lui dire qu'il mourait pour la
France. Il se mit alors à pleurer. Il ne chercha plus d'excuse
à sa chute. L'idée de cet honneur en lui détruisit soudain

88 toute volonté, toute énergie, et ce qui apaisait les autres
mourants n'en fit plus qu'un enfant ébloui, que des sanglots
secouaient, meurtrissant sa dernière heure même. Il se
cachait le visage de ses mains, il appelait désespérément la
seule présence qui, désormais, ne lui était plus refusée :
Jacques ! Jacques ! Puis un général arriva. Il l'entendit
d'avance saluer le corps du mort qu'on avait étendu dans la
première chambre pour que le blessé fût plus tranquille.
Il se souleva pour le recevoir. C'était un vieux général
d'aviation, habitué à ces visites, muet, qui n'avait pas vu
sa jambe coupée, qui lui promit que dans quinze jours il
serait remis ; qui enfin ému, se pencha sur lui, affectueux, regarda longuement ce qu'un vieux général comprend mal, des yeux débordants de larmes, une bouche
qui riait, un masque pur et lisse tenu au visage par d'ef-
froyables rides. Alors Gonzalve mourut, et le général se
retournait atterré, appelant un prêtre, ne sachant à qui
passer cette âme demeurée dans ses mains malhabiles...

Mais pourquoi ce début à une histoire de petite fille ?

Clyton était étendu sur mon lit, endormi. Il avait les cheveux blonds de Jacques, sa taille. Pendant un mois je rencon-
trai ainsi, mais de moins en moins ressemblantes, les images
encore libres de mon ami, puis, un jour, une image à peine
reconnaissable, sur un enfant, et ce fut tout. Je secouai
Clyton pour chasser de lui cette ombre. Il ne bougea pas,

saisit ma main au vol, en regarda distraîtement les lignes, et 89
soudain effaré, respectueux et bégayant comme s'il venait
de voir en une seconde toute ma vie, et quelle vie, il se
dressa.

— Ecoutez-moi !

Souvent, sorti en civil, j'avais surpris Clyton, en civil
aussi, qui me suivait de loin. Souvent j'avais reçu des lettres
sans signature, écrites par une femme, et me priant de
passer à midi dans un rond-point sans arbres, inondé de
soleil. Je sus que Clyton les mettait à la poste. On m'apprit
aussi qu'il parlait de moi à tout propos, prétendant que j'avais
la grâce, que j'étais devin, et que sur dix paroles que je
lançais au hasard, cinq atteignaient leur objet, blessaient la
matière même du monde. Un jour, dans son auto, j'avais
prononcé par hasard et bruta-
lement le mot pinson. Au premier arrêt, nous trouvions un
pinson mort sur le capot. Le
lendemain matin, pour me
moquer de lui, loin de la
mer, j'avais prononcé, mais
avec des précautions, le mot
mouette. Au déjeuner, dans
la cour de l'hôtellerie, une

mouette apprivoisée se promenait, mais avec une aile tordue.

— Ma sœur Mae veut vous voir, lieutenant. Il s'agit
peut-être de sa vie. Vous me suivez ?

    — Votre cousine Barbara ?

— Ma sœur Mae !

J'eusse certes préféré Barbara que j'avais connue la semaine passée chez les Thackeray, dans les jardins florentins ornés d'autels chinois qui descendent au Charles River, et où des moutons paissent, protégés contre les grosses mouches par des chiens loups. Le soir tombait. Les deux petits frères Thackeray, dont Teddy a les yeux bleus, Bill les yeux noirs, jouaient avec leur fox vairon qu'ils se sont partagés en longueur selon la couleur de leurs yeux et dont ils tiraient la queue indivise. Dans sa minuscule et ronde culotte de cheval, Perscilla, leur cadette, qu'on avait pour la première fois de sa vie photographiée officiellement le matin, se sentait quelque chose en moins, quelque chose en plus, et n'était point sûre que l'on ne souffrît pas un peu jusqu'au moment où le cliché enfin est révélé. Nous étions assis sur la terrasse fermée par de hauts fusains où l'on découpe des fenêtres diverses avec des cadres en bois d'or pour voir la plaine, et nous regardions le soleil tout rond par la fenêtre ovale ; au milieu des lilas, des lilas blancs qui sont à Teddy, des violets qui sont à Billy ; au-dessous d'ormes centenaires qui n'avaient pas ombragé de Français depuis Chateaubriand, et oubliant qu'alors ils étaient jeunes trouvaient ce nouvel hôte bien petit, bien facile à couvrir. Par la fenêtre en forme de cœur un rayon éclairait Barbara d'une lumière de même forme, mais qui semblait émaner d'elle seule. Ses paupières, son cœur, battaient à intervalles longs mais réguliers. On m'a-

vait prévenu qu'elle inspire, plus violemment et plus subtile- 91
ment que jamais femme inspira l'amour, le désir, — mais

exigeant, insoute-
nable, immédiat —
du mariage. Cha-
cune de ses trois
sœurs s'est mariée
en un jour avec un
jeune homme la
veille inconnu. On
éprouve près d'elle
je ne sais quel tour-
ment et quelle sé-
curité, comme si
l'on avait à son côté
une femme créée
de la veille ; on
touche cette main

neuve, on délie ces cheveux épais et on les livre, pour la
première fois, à la brise ; on caresse et fend du doigt ces
lèvres qui jamais encore ne se sont ouvertes ; on veut partir
sans passé dans un avenir neuf ; on se voit, avec Barbara, sous tous les espaces clos, dans la salle à manger
avec les cristaux, dans la chambre avec un rayon, dans
l'auto par la tempête, sous la tente, où, pour ne pas la ré-
veiller, au lieu d'embrasser son visage, on cherche sa main
à la lampe électrique. On traverse des marais en la portant

92 dans ses bras. Derrière elle, on la pousse — elle rit, se raidissant — jusqu'au haut des arènes ; elle détourne son ombrelle vers les gradins de sorte qu'on embrasse un visage étincelant de soleil. On entend le pasteur, le jour du mariage, — demain, — vous dire : — Réfléchissez, imprudent jeune homme, vous avez encore une seconde ; pensez aux autres femmes, aux brunes, à leur fidélité, et à leur délire ; à leurs yeux dans les théâtres, à leurs belles joues qu'on appelle sanglantes... On répond : — Je veux Barbara ! je veux Barbara !...

Mais les enfants autour de nous devenaient insupportables. Perscilla courait vers la maison, en rapportait des mots italiens tout neufs, courait encore, revenant avec des mots français — et l'on devinait qu'elle avait parlé à sa bonne italienne, à l'institutrice française. Puis l'ombre tomba, et Teddy vint s'asseoir entre nous, nous séparant, tout triste, car, sans qu'il le sache encore, il l'apprendra toujours assez tôt, ce n'est pas le jour, malgré ses yeux bleus, c'est la nuit qui lui appartient.

Mae Clyton était plus belle même, disait-on, que Barbara.

❦

Mae avait seize ans. Depuis son enfance, elle vivait chez elle sans jamais être sortie, et souvent désirait mourir. On n'avait trouvé à ce mal qu'un remède : l'amitié. Mais, inconstante, elle détestait soudain, au bout de cinq ou six

semaines, l'ami qu'elle avait adoré et appelait la mort par **93**
son nom. Avant donc que le mois commençât, Clyton lui
amenait un homme, une femme nouvelle, qu'il lui avait appris,

pendant l'amitié et le mois précédent, à désirer. Toute
l'Amérique se prêtait à ce jeu, car la beauté de Mae devenait
célèbre, on l'appelait Scheherazade, et l'on s'ingéniait à la
conserver à la vie par un conte qui ne s'achevât point.
Clyton recevait par paquets les lettres d'inconnus ou de

94 gens illustres qui se proposaient eux-mêmes, offraient ou des amis parfaits, ou (pour varier) des amis bizarres, ou tout ce qui était la renommée d'une famille, d'une ville : la fille du ministre des finances guatémalien dont on voyait les trois corps astraux à la lueur des cocuyos, le champion du monde au tennis. Clyton avait d'abord choisi tous ceux qu'un sacrifice à l'amitié avait rendu célèbres, Marjorie Dupont, qui sauva de la mer à dix ans Muriel Aspinwall, qui vivait depuis avec elle, qui l'abandonna (tout un mois de juillet, le mois qu'elles passaient à se baigner dans leur plage) pour Mae ; Edith Bronte, dont on avait ravi au berceau la sœur jumelle, qui depuis la cherchait sans cesse, frissonnante devant chaque miroir inattendu. Puis étaient venues à la villa les gloires de la mode, auxquels Mae ne voulut jamais parler de leur talent : Edvina qui ne put chanter pendant le mois le plus long et le plus sonore d'Amérique ; Sargent auquel Mae refusait de poser dans son sommeil même, se tournant sans cesse ; on devait mettre le lit au milieu de la chambre et Sargent peignait en en faisant le tour. De temps en temps Clyton choisissait au hasard dans les lettres, et aujourd'hui il en gardait deux :

— Mon nom est Adélaïde de los Montes. Votre sœur veut-elle voir quelqu'un qui n'a jamais rien vu ? Je ne suis point sortie non plus de ma maison et je viendrai, si Mae le veut, dans un train spécial et fermé ! Ci-joint mes cheveux blonds. La tête de l'oiseau qui n'a pas volé est moins douce, me disent les poètes d'ici, à la main.

Poètes de Californie, consciencieux, qui passent leur 95
temps à caresser les têtes d'oiseaux qui n'ont pas volé !...

— Mon nom est Jeanne Blanchard. Vous m'appellerez,
Mae, quand vous saurez comment j'imagine la vie. Je
l'imagine comme un bonheur sans bornes, comme une fulgu-
ration, comme un cœur sans limites. Chaque matin, au réveil,
je me précipite à la fenêtre ; je vois la mer infinie, le ciel qui
tout embrasse ; je me dis que ce sont des nains à côté de
mon bonheur. De joie, je sanglote. Quel doit être le vôtre,
qui êtes belle, riche, qui n'êtes pas seule en ce monde !

Vous devinez pourquoi Clyton m'enlevait.

Cette nuit, l'ami du mois allait partir, Lee, le poète, — il
était devenu amoureux, Mae déjà le détestait, — et Clyton
avait reçu, à midi seulement, un message de celle qui devait
être l'amie du nouveau mois ; elle retardait son voyage.
C'était Mary Miles Minter, l'enfant qu'on voit dans les
cinémas au premier acte toujours pauvre, au dernier acte
toujours riche (ne pas s'aviser de tourner le film à rebours),
sauvée de la rue par un lord, du music-hall par un milliar-
daire déguisé en barman, qui apprivoise les mégères dont
la bru empoisonna le fils, les brigands auxquels une fille a
truqué le télégramme annonçant la mort de leur mère ; et
qu'on voit à la fin du film s'étendre dans sa propre image
agrandie, comme l'enfance dans la jeunesse. Mae ne sup-
porterait point de ne pas trouver au réveil son amitié
nouvelle ; un gouffre pareil s'était produit voilà six mois ;
haineuse, silencieuse, elle refusait de manger, de boire. Les

96 animaux précieux que Clyton avait couru acheter à New-York, le renard bleu apprivoisé, l'ocelot, elle semblait ne pas les voir, elle marchait sur eux sans pitié ; l'ocelot, qui ne connaissait pas auparavant les humains, s'indignait, cassait tout, devint enragé. A cette époque, d'ailleurs, Mae ne savait pas que l'on se tue, mais depuis, je vous dirai peut-être comment, elle l'avait appris, et tout était à craindre si je ne venais pas.

Nous arrivions. L'auto gravissait maintenant les allées en lacet d'un jardin. En bas, la mer, et sur le rivage les statues tranquilles des Muses, couvertes de longs voiles ; à mi-côte sur la terrasse, une piscine de marbre, bordée de torses antiques, agités, à demi vêtus ; on devinait dans la maison, au-dessus d'une baignoire taillée dans une opale, un vrai cœur vivant, tout nu. Au fond d'un labyrinthe de buis, perdue, une fillette appelait, sans voir la chouette au-dessus d'elle qui dessinait le bon chemin. Les hélio-tropes se relevaient peu à peu pour n'avoir pas à tourner de tout un arc dans la seconde où le soleil reparaîtrait. Les jeunes fleurs de rosiers, écloses voilà une heure, satisfaites d'avoir vécu une heure, roses ignorantes, croyaient se fermer pour toujours. Poussés par la brise marine, à peine salés, les parfums du même jasmin nous inondaient dans chaque allée à la même hauteur. C'était la nuit. Un cargo de plomb dormait sur l'océan léger ; de lourds mélèzes sur la clarté ; le ciel tout sombre sur un nuage blanc ; et l'on eut retourné le monde qu'il en eût été plus solide. C'était la nuit. Des mouettes volaient en ligne, formant un nom qu'on ne pouvait comprendre, car il était composé de lettres toutes semblables, argentées du côté du couchant, — puis elles se dispersèrent, une seule resta et l'on comprit. On comprit le mot Solitude, le mot Espace, la phrase: " agité par les vents ". La lune apparaissait entière, c'était le soir où

aucun astre ne se glisse entre elle et moi. C'était la nuit, et, un long moment, entêté comme un roulier qui ne veut pas allumer sa lanterne, je m'enfonçai dans cette nuit sans appeler la pensée et ce nom qui éclairent pour moi toute ombre. Mais je me heurtais durement à chaque obstacle, au cri lointain de la fillette, aux maisons endormies, à chaque étoile. Ils me meurtrissaient, ils m'atteignaient en plein visage... Alors je pensai à toi, rêve, et elles s'écartèrent...

G

 — C'est la nuit, dis-je.

Clyton frissonna, me regarda de biais, comme si nous allions la trouver à l'arrêt, nuit expirante, clouée sur notre capot.

※

Lee était dans le salon où me laissa Clyton. J'avais vu des portraits de lui, je le reconnus, mais il n'avait plus ses yeux provocants, son front qui étincelle. Toutes ces qualités contraires qu'il aimait cultiver en lui séparées, l'arrogance et l'humilité, l'énergie et l'indolence, la générosité et l'envie, maintenant se mélangeaient et il ne se trouvait plus qu'une âme médiocre et confuse. Il ne l'avouait pas, la guerre en était cause.

— La guerre gâtera le métier des cowboys, avait-il déclaré d'abord.

— Que les femmes prennent garde, avait-il dit ensuite. La guerre est leur mort !

Or les cowboys gardaient leur prestige, les femmes continuaient, en masse, à vivre. C'est son métier à lui, son métier de poète, qui était gâté. Il se tenait, au début de la guerre, à la limite du génie. Je venais de lire ses œuvres : il atteignait le sublime, non encore par la pensée, mais par les transparences de son style, par un mot placé de telle sorte dans presque chaque vers qu'il en jaillissait je ne sais quelle lueur, quel éclatement, qui d'ailleurs mourait aussitôt. Il s'était rendu compte de ce talent à piquer l'âme de brûlures. Tous ses derniers poèmes, comme pour provoquer enfin l'embrasement, avaient pour sujet la flamme, l'étincelle, les yeux, Suzaia et ses oiseaux brûlants. Un jour tout flamberait... Mais la guerre était venue.

Tout ce qu'il avait entassé chez lui comme une panoplie, le droit de souffrir, de faire souffrir, de tuer, de se tuer, tout ce qu'il considérait à juste titre comme ses biens propres et ses armes dans toute l'Amérique, fut distribué par elle au moindre soldat d'Europe. Les permissionnaires français dans les rues de New-York portaient sur eux mille marques, qu'il avait cru réservées à lui seul, le regardaient du regard qu'il savait trouver devant un miroir mais qui lui échappait encore devant un homme autre que lui. Il les suivait toute une journée, il essayait de reprendre à la dérobée sur eux un de ses propres sentiments, ils les emmenait boire, et de même qu'il s'enivrait pour se venger de lui-même, il les enivrait. Chaque victoire, française, ou serbe, ou allemande, l'exaspérait ; il ne pouvait supporter cette gloire sans cesse en remous, ni surtout cette vie exaspérée que prenaient maintenant les noms propres ; ces noms de chefs inconnus soudain illustres, ces noms médiocres de l'Ourcq, de Verdun s'élargissant sans fin, ces noms sur lesquels toute une semaine, Cambrai, Sédul-Bahr, se posait l'aurore même... pour s'évanouir ; et ces déblaiements du moindre village qui rendaient plus en gloire que toute une nécropole antique. Son plus grand orgueil avait été de créer une fois un nom propre : "Pan Bix ", le héros de tous ses livres, un

100 Esprit, frère d'Ariel. Enfantinement, il se surprenait à opposer ce nom à tous ceux que créait sa rivale, Pan Bix la Marne, Pan Bix Guynemer. Mais Pan Bix, qui tenait encore sa petite place, sémillant, près de Desdémone, près de Fantasio, devenait dans ce nouveau domaine, et près d'Hindenburg aussi, un pitre ridicule.

Donc, près du foyer, il était là, avec sa main droite inutile qu'il brûla le soir de ce jour où il frappa son meilleur ami. Tout en lui d'ailleurs semblait avoir commis un sacrilège et l'avoir expié par le plus beau sacrifice. Son regard si vif avait un halo terne ; avait-il vu son amie le jour où son amie mentait ? sa parole n'employait que des mots bégayants ; avait-il dit du mal de sa mère ? et sa pensée, partie toujours d'un côté délaissé de l'âme, surprenait comme la balle d'un joueur de tennis gaucher... Il répondit à peine à mon salut. Il regarda mon uniforme, demanda si le revolver était chargé, — je l'ignorais ; me questionna sur ma vie à Boston, sur mon sabre, et je répondis encore de façon évasive, et je veillai à ce qu'il ne sût point si j'étais ou non dangereux. Puis, m'abandonnant, il se promena dans la salle. Malgré ma défiance je l'admirais. On le sentait lire par profession dans chaque lumière, dans chaque ombre comme un devin lit dans la main. On le sentait frappé par les moindres signes de ce rébus distribué pour les poètes sur les objets qui semblent les plus familiers. Il posa son index tendu sur une statuette couchée, il l'y maintint tant que je ne sais quel nœud ne fût pas fait et refait autour d'elle. Il ouvrit un livre de

Longfellow, au hasard, mais ce fut à la page où Longfellow
avait écrit de sa main, en long de la marge, un distique qui
donnait un nouveau sens au poème ; il souriait, il inclinait
la tête, il pensait à un archet étendu près de son violon. Il
ne me savait pas poète ; il agissait sans discrétion, se
croyant seul avec elle, avec la Poésie. Il s'arrêtait brusquement, rayonnait, écoutant en lui, — n'entendant rien,
furieux. Il aiguisait sans pudeur ses sens, son odorat, en
plongeant la tête sans mesure, avec les oreilles qui n'avaient
rien à y faire, dans une touffe de seringat, sa vue en pro-
menant des regards sur deux boules de cristal placées sur
une table, et soudain il regarda mes yeux. Il ne les quitta
plus. Il s'assit en face de moi...

Le feu flamba soudain, feu d'été traître, qui fit un signal
à l'hiver. Au loin les tramways glissaient, les verges éclatant
en globes de feu aux aiguillages des trolleys, cerveau des
tramways, donnant tout ce que donne un tramway de pensée, une étincelle. Le vieux monsieur de la villa voisine ren-
trait de sa promenade et tapait, comme chaque soir, pour
la vider, sa pipe contre la plaque en marbre du petit obé-
lisque de Washington. Lee semblait m'avoir choisi pour
victime, et c'est de cette nuit, en effet, qu'il a daté son
poème sur moi. Je le sentais supprimer de mon visage ce
qui le gênait, mes cheveux qu'il a décrits bruns ; m'ajouter
une moustache ; me donner deux béquilles, jeter autour de
moi cet échafaudage qu'on construit autour d'une tour, chez
nous, avant de la réparer. Parfois il se frottait les mains, il

102 ricanait ; il me prenait je ne sais quel esprit, quelle forme et j'eus l'impression quand il disparût, qu'un maillot, une ombre de soie, entre mes vêtements et mon corps, avait été dérobée. Parfois, il tirait un carnet de sa poche, lisait, me contemplait et coupait à ma taille la métaphore qu'un enfant, un oiseau, lui avait inspirée le matin ; et, tout d'un coup, la raison de son poème découverte, il me combla de prévenances ; il me présenta une cigarette de sa main valide ; il prodigua son côté gauche, son côté intact, m'offrit des mots, des regards qui n'avaient jamais outragé personne : le mot " cher officier ", le mot " cher Français ". Je prenais la cigarette de ma main droite, car mon bras gauche est blessé ; je répondais à ses regards de mon œil droit, car mon œil gauche est myope ; je jouais à mon insu, mais avec perfection, le rôle de l'Innoncence qu'il m'a donné dans ses vers ; et comme je me levai, il se leva et il me suivit à la fenêtre, et il me dit le nom anglais des fleurs ; et il insistait poliment sur la prononciation ; et il me traitait tout à fait comme Elle.

— Mon lieutenant, dit Clyton. Venez !

C'était l'heure où la lune aspire ceux qu'elle aime à la hauteur des toits, où les somnambules, effleurées par la brise, avancent pas à pas sur les fils de fer tendus pour elles, par leurs parents, entre le château et l'annexe. Un oiseau de nuit et un oiseau de jour, égarés, voletaient dans la même chambre : fallait-il éteindre, fallait-il illuminer pour que chacun d'eux

pût partir? C'était l'heure où Mae, dans son premier
sommeil, subitement attristée, se lamentait. Des larmes
coulèrent de ses paupières closes. Tous les soirs, à la même
heure, ainsi que jaillit, bue aussitôt, une source d'eau pure au
fond de l'Océan, naissait ce petit désespoir, larmes sans
amertume, au milieu de la Nuit. J'étais penché un peu à
l'écart, et mon ombre ne la couvrait pas, courbée sur le lit
devant elle. C'était l'heure où sans conscience, elle s'atta-
chait tendrement, et l'on sentait qu'en rêve elle aimait
embrasser un visage. Rêve léger, mais plus lourd pour elle
que sa vie, et, croyant se pincer pour être sûre de ne pas
dormir, elle pinçait sans force ma main. Puis, toujours
rêvant, comme une déesse enfant le ferait de sa main coupée,
elle appuya ma main sur sa joue fraîche, elle la cacha dans
ses cheveux blonds innombrables, elle l'embrassa. Puis,
ouvrant sans chagrin ses yeux humides, elle choisit deux
petits regards clairs qui se promenaient dans mes regards
plus larges comme les rayons de deux visages jeunes dans
le faisceau noir d'un film et, — j'aurais tout donné pour
qu'elle me sourît, — fronçant de colère ses sourcils noirs,
durcissant de rage ses yeux bleus, tendant son front irrité,
Mae pour la première fois me sourit.

— C'est vous, me dit-elle, où est Lee?

Elle parla plusieurs fois de Lee ce premier soir, à chacun
de mes gestes comparant, rattachant les gestes de Lee ; sans
doute pour qu'il n'y eût pas d'intervalle dans sa ronde d'amis,
rattachant nos pensées et se trompant parfois, comme un

104 mauvais télégraphiste dans ses fils rattache la peine au plaisir, la confiance au désespoir. Ainsi, le dernier jour, elle dirait à Mary Miles, si Mary riait que j'étais triste, si Mary était triste que j'étais tendre...

— Lee est parti, dit Clyton.

Or Mae si sévère et timide au début de chaque amitié, qui ne recevait ses amis hommes qu'habillée et coiffée, me tendit ses bras nus, m'assit près d'elle, et, ne retrouvant plus dans sa chevelure cette main coupée qu'elle y avait cachée tout à l'heure, caressa tendrement ma main, s'étonnant qu'elle eût même chaleur, même forme que l'autre.

— Posez votre manteau, dit Clyton.

Je jetai mon manteau. C'était le premier poète en uniforme qu'elle voyait, en uniforme bleu clair, avec des boutons de bois peints en bleu clair, poète invisible sur les champs de bataille. Elle me regardait, fière d'elle, comme si elle arrivait à voir un être invisible. Elle écoutait mon français, non sans orgueil, comme si elle, Mae, pouvait entendre un être muet.

— Un ami, dit-elle, enfin !

Derrière la porte, Lee s'agitait, toussait. Jamais remords ou regret dans un cœur ne fit plus de bruit que Lee dans ce salon. Il exagérait. Nous n'étions pas les deux premiers poètes qui se soient jeté, d'un monde à l'autre, une jeune fille nue dans son voile.

— J'ai rêvé, dit Mae, que j'avais trois corps égaux, et chacun, le matin, partait de son côté. Deux sont perdus.

Des bouleaux flambaient dans la cheminée, j'en voyais 105
les lueurs dans ses yeux, et, allumés à l'âtre même, au vrai
feu, déjà y brûlaient ces feux de l'amitié, qui pour les simples

humains s'allument une fois, deux fois au cours de toute
leur vie, une fois chaque lune dans le cœur de Mae.
— La chambre de Mary Miles est prête, dit-elle.
Vous y coucherez. Mais parlez-moi. Clyton dit que vos
mots tuent les êtres ; prononcez mon nom ; prononcez-le
encore. Quelle voix profonde est la vôtre ! Voilà morts mes

 deux corps errants ! Tout ce qui existe, tout ce qui palpite et respire de Mae est devant vous. Oh ! que m'arrive-t-il ? Avez-vous donc pensé mon nom ?

Je voulus parler de Mary Miles ; mourir par elle, lui donner la main dans cette ronde autour de Mae m'était doux. Mais Clyton disposait sur la table des portraits. C'était des photographies de moi, que je ne connaissais point, prises par lui à mon insu et sur toutes j'étais solitaire. Seul au milieu des rues toujours encombrées, seul au fond d'une auto qui roulait sans chauffeur, et Mae égoïste, pouvait sans peine imaginer que le monde est un grand monde vide et qu'elle seule a des amis. Mon sourire cependant annonçait parfois qu'il y avait un être vivant dans mon voisinage, pas un être semblable à nous sans doute, car j'avais les yeux levés, mais un chat, un écureuil, un titan. D'ailleurs, d'instinct, elle préféra le seul portrait que Clyton n'eût pas truqué, celui où j'étais vraiment seul, assis sur le perron du Polo-Club, un ours empaillé à ma droite avec des drapeaux dans son collier, où le vent soufflait, où les cèdres du bosquet étaient durement battus par les arbres encore sans feuillage, où, la petite girouette du Club l'indiquait, j'étais tourné vers mon pays, vers mon enfance ; où je souffrais enfin d'être arrivé à l'âge où l'on n'est plus que soi, rien que soi...

Or, décidé à ne pas me prêter au jeu puéril de Clyton, à guérir Mae, je résolus de lui apprendre ce qu'est la vie.

Ce soir-là, je lui parlai d'abord des villes. De Pau, qui
fait le tour des Pyrénées avec ses petits tramways rouges
qui stoppent d'eux-mêmes à chaque marque et chaque
femme rouge, où les médecins promènent sans cesse de
longs cortèges de bœufs au joug, pour imposer à la cité le
seul rythme sensé, où chaque bébé dans le parc Beaumont
a droit à un paon qui le suit, au ciel toujours bleu duquel,
chaque semaine, un enfant de vingt ans, avec des grands
cheveux peignés à l'argentine, tombe mort. De Coulonge-
sur-l'Autize, où les employés de la poste, en France, ont
l'ordre d'envoyer les poèmes égarés ou anonymes. De
Montargis où la belle Simone, suivie de sa nourrice, au bord
de ruisseaux écumants et que l'ombre des peupliers zèbre,
pour arrêter son âge soudain s'arrête, et la nourrice, sa distance un moment perdue, part affolée à reculons. De Buzan-
çais où chaque soir, entre quatre et cinq, l'écluse bruissant,
un enfant songeur refuse de répondre, de jouer, de faire
collation ; son père le bat, le jette dehors et parfois il tombe
au soleil. De la France en un mot, où les êtres ne sont pas
des apparences qui surgissent selon vos besoins, mais où
chacun, pris au hasard, a son histoire, sa vie durable — et
parfois, pour en être sûr, je suis resté près du même des
années entières sans qu'un seul de ses gestes ait trahi qu'il
n'existait pas.

— Je rêve, disait Mae...

Liée à un petit corps timide et immobile, elle agitait
ses bras, secouait sa tête, je caressais une sirène-enfant.

108 Curieuse, elle avançait sur le rivage même de la vie où je l'attirais non sans ruse. D'abord je lui contai le plus beau rêve qu'un homme ait jamais fait. Puis je lui dis la plus belle histoire véritable. Au loin la mer étincelait, mais couverte de rayons cassés et morts, et je ne sais quel poète hypocrite y avait pêché à la grenade. Parfois j'avais à prononcer un mot étrange et dangereux, le mot " Oubli ", le mot " Joie ", le mot " Haine " et alors j'entendais Lee aux écoutes s'agiter, s'inquiéter de me voir manier de telles armes comme un soldat quand le civil prétend dévisser un obus. Parfois des oiseaux, effarés de tant de clartés, voletaient autour des fenêtres, puis se réfugiaient à tire-d'ailes vers le cœur de l'ombre, dans le cyprès du centre de la pelouse, s'y retrouvaient tous et trouvaient ce soir-là la nuit bien étroite. Alors, écoutant ce bruit des ailes, bienheureux, nous nous souriions, nous pensions à ce qu'il y a de plus petit et de plus frissonnant, au cœur des oiseaux endormis. Puis, tristes, nous pensions à nos propres cœurs, si proches, nous pensions à leur taille, à leur poids, à leur douce forme, à la fossette qu'y cause la flèche en s'enfonçant. Elle s'étonnait de n'avoir pas à revenir, avec ce nouvel ami, au point d'où elle partait chaque mois ; elle en éprouvait un espoir infini ; quelle vie divine, si désormais, chaque amitié, au lieu de la détruire, s'amoncelait sur l'amitié ! Nos deux visages étaient à la même hauteur, aucun de nous maître de l'autre, elle m'attira vers elle, posa ses lèvres sur mes lèvres, et soudain son corps entier s'agita,

s'évanouit : l'idée d'un ami unique en Mae venait de naître, 109
bue par un grand sommeil.

Le jour va se lever. Ma voiture revient à toute vitesse
entre la mer violette et les loteries, les montagnes russes, les
panoramas des interminables plages, tout blanc et or, avec
des glaces où mon chauffeur se regarde chaque fois. Une
bise aigre souffle ; de gros rayons maladroits nous frappent,
durs comme des palettes. Mary Miles a pu venir, malgré
son télégramme, et j'ai dû quitter Mae endormie. Clyton
ne lui parlera jamais de moi ; mes photographies sont en
morceaux, on lui dira qu'elle a rêvé... La mer, comme une
ville, rejette à nos pieds tout ce que le jour d'hier a sali en elle,
les algues touchées par quelque plongeur, les méduses
mortes, et tous ces objets acceptés dans son sein avec dignité
dont elle met un jour à comprendre la dérision, de vieux
chapeaux, de vieilles chaises. Tout le long du rivage, les
becs électriques brûlent encore, mais sans reflet dans l'eau
laiteuse. Heure sinistre ! Heure où sur mon pays, dans la
tranchée, la sentinelle se réveille, se promène avec ses lourds
souliers, et l'on entend à nouveau le bruit de l'homme contre
sa planète sèche.

Je songe à Mae. Je songe à son réveil, dans quelques
heures ; à son silence devant Mary Miles, car elle n'osera
jamais interroger son frère ; à ce petit aiguillon dans son
cœur ; à ce baiser qu'elle ne croit pas avoir donné, à cette

110 main perdue qu'elle cherchera tout le jour dans ses cheveux ;
à ce qu'elle pense un rêve ; à ce jeune homme un peu triste,
avec ses yeux, un peu bavard, avec ses villes, mais qui lui
tendit les bras dans un costume invisible, qui la pressa — car
sa mémoire chaque jour enrichira son rêve — sur son cœur
enflammé, dont on voyait vraiment les flammes ; qui la
porta à travers une forêt semée de marécages dont on voyait
vraiment les vipères et dragons ; qui lui promit de vivre
toute la vie près d'elle, de mourir près d'elle, qui avait tué
cent Allemands, qui avait pris Constantinople, qui nulle
part n'existe et ne soupire, nulle part, hélas ! — qui est
moi...

EPILOGUE

Lettre à Gladys,

de Lawrence M. Scott, frère jumeau de Leslie M. Scott, premier régulier américain tué en France.

Comme jamais je ne me suis expliqué, Gladys, pourquoi vous m'aviez préféré à Leslie, je ne m'étonne pas, — depuis cette mort qui fait de lui pour toujours mon cadet fragile, mon aîné de mille ans, — de vous voir désirer avec passion le connaître, c'est-à-dire le recon-

112 naître de moi-même ; me délaisser... Vous désirez savoir lequel est lui, lequel est moi sur les photographies de notre enfance : c'est lui qui a les régates rayées, et moi les régates unies. Nos parents distinguaient leurs fils à cela, et, rassurés, alors qu'à notre sortie du collège nous commencions à n'avoir plus exactement les mêmes visages, et que changeaient en nous ces traits seuls d'ailleurs qui passent pour immuables, la couleur des yeux, la forme des dents, ils avaient fini par ne plus voir entre nous de différences. De sorte que pour mes parents seuls je suis le portrait de Leslie. Pour tous les autres, il est disparu, et pour vous surtout, qui le trouviez ardent, jaloux, autant que j'étais résigné et paisible. Mais je contiens toute sa vie. Je suis né une minute avant lui, et chacun de mes jours nouveaux croît en cercle autour de sa tombe. Pas une de ses pensées qu'il ne m'ait dites par des phrases, pas un animal qu'il ait caressé et dont j'ignore le nom propre. Le jour seulement de son départ pour la France je l'avais quitté ; je viens de refaire son voyage jusqu'aux Vosges ; hier, j'ai vu la tranchée où il est mort et j'ai rejoint, depuis deux mois couchée, cette ombre que je me plaisais du moins à imaginer fugitive. Depuis hier ma vie est à moi et je n'ai hérité, dans ce deuil, que de moi-même. Depuis hier, je vis séparé de lui, et de moi aussi séparé, car je perds mon enfance, ma jeunesse avec la sienne. Il se cramponne à son jumeau comme un noyé. Je relâche dans le néant, les reprendrai-je jamais ? tous mes souvenirs, qui étaient les siens. Je vous

vois déliée de je ne sais quels anneaux, Gladys, vous qu'encadraient toujours nos corps et nos pensées ; pour la première fois, vous m'apparaissez seule, libre, vos cheveux sont flottants, votre tunique s'ouvre ; c'est en face de vous que je songe à me mettre et non plus à votre côté droit, le gauche occupé par Leslie. Vous voilà à la poupe, me voilà à l'avant de notre canot à trois places, vous gouvernez, je pagaye, une mort unique le prive de tous ses passagers... Vous rappelez-vous ce jour sur le Charles River, où il vous reprochait de parler du printemps avec les mots qui servent pour le soleil ? Devant moi aujourd'hui le printemps se lève, Gladys. Je vous écris de la cantine de Cusset, au bord d'un ruisseau, dans ce qui était un parc, et l'on a cloué une planchette, pour en faire une table, sur le tronc de chaque arbre coupé. A droite, une Américaine donne à ceux qui veulent manger ; à gauche, une Française à ceux qui veulent boire. Des soldats s'installent au centre : c'est, bienheureux, qu'ils ont à la fois faim et soif. Je n'ai que faim. De loin je vois, me souriant sans m'approcher, la fille du pays dont je foule présentement le sol, que je viens défendre, et de près, — si je veux je la toucherai, — la fille de ma patrie lointaine. Alors je pense à vous, minuscule, sur une petite Amérique, je vous souris, j'allume votre pipe, j'attends, comme un enfant, que le printemps se couche.

Vous êtes froissée, Gladys, d'entendre parler du printemps dans la première lettre que je vous écris de la guerre. Mais à mes pieds, découpée par un rayon, je vois soudain

114 noircir la première ombre des feuilles nées ce matin ; au flanc des collines, je vois des poiriers, des pêchers généreux contenir la sève des feuilles pour livrer plus tôt toutes leurs fleurs, c'est la guerre, sur des squelettes encore desséchés, et, dans le vallon, de hauts pruniers tout blancs, drus comme des choux-fleurs. Ici le printemps dure, Gladys, il n'est pas d'un jour ou deux comme chez nous, et j'ai trouvé enfin le contrepoids à notre automne. Tous les mots que vous usiez, d'une usure imperceptible, — mille fois vous les diriez sans qu'ils se percent ou se boursouflent — pour parler de la lumière, du couchant, de mon jeune paon, ou de vous-même, vous pourriez à juste titre les donner à ce printemps français. Dans un guéret fumant, le semeur, seul homme de France qui ait le blé à discrétion, le prodigue d'un geste économe et précis. Sur chaque cep, le vigneron se courbe comme sur son baril, quand il tire le vin. Un canard, que sur la rive droite effarouchent des soldats américains, sur la gauche des zouaves, nage au milieu exact du torrent, rampant sans modifier son axe sur les rocs qui affleurent, au lieu de les contourner, et son sillage atteint toujours les deux bords à la même seconde. Le train glisse sur le fond de l'horizon au moment où une nuée s'écarte du soleil, et c'est le bruit d'un grand store qu'on tire. Leslie était né pour le printemps. Tous ces mouvements qui l'agitaient et nous semblaient inutiles, lorsqu'en plein été s'écartant de la mer il remontait en maillot un ruisseau, lorsque dans l'automne résonnant comme une cathédrale il chantait des two steps, quand sous la neige il

peignait au ripolin vert notre palmier de ciment et de tôle, 115
c'était les gestes qu'il ne pouvait réunir par cette saison
qu'il n'aura jamais connue. Saison qui rend compatissant,
inoffensif, et chacun croit à l'innocence. Autour du tronc
d'arbre voisin, quatre soldats français qui repartent pour le
front boivent dans des verres qu'orne de lauriers minces, quand ils les reposent, l'ombre d'un buisson, et je les écoute qui parlent sans haine. Le premier raconte que les serpents les plus dangereux, les serpents corail ou coraux, il a oublié le pluriel, ont la bouche trop petite pour mordre ; le second que le requin n'attaque jamais l'homme, qu'il suit les navires à cause des épluchures, et que s'il a 
mordu un cuisinier tombé, il se sauve en voyant le sang : le
troisième assure qu'il suffit de frapper dans l'eau avec les
mains pour traverser le Niger sans crainte des mille croco-
diles et il nageait même avec sa femme arabe sur le dos; et le
quatrième parle de deux Saxons qui lui donnèrent de l'eau un
jour qu'il fut blessé... Rassurés, dans un monde enfin libéré
d'hommes et d'animaux méchants, ils laissent leurs bras,

 leurs jambes s'écarter d'eux sans péril. Le ciel est maintenant tout bleu, avec un de ces gros nuages d'explosion qu'on voit depuis la guerre, blancs et gonflés, et près d'exploser à leur tour. La rivière Allier roule des eaux filtrées vers la rivière Loire. A travers cet air, cette saison inconnue, Gladys, je vous vois, votre corps et votre âme, comme sous des rayons violets qui m'en dévoilent soudain les formes et les métaux ; votre obstination, tendue de biais dans votre cerveau comme un os d'ivoire ; votre éternel contentement qui ressemble tant à un vrai cœur, et qui dispense une rosée superbe ; la glande de vos larmes, sans rides... Il n'y a, au fond, que Dieu d'impitoyable, Dieu seulement que rien ne pacifie ou n'émeuve, ni quand on bat un fleuve de ses bras, son esclave nue sur le dos, ni quand on est blessé et qu'on a soif en sa présence, car aujourd'hui Debussy est mort. Les Allemands ont heurté de leur pioche pour la troisième fois, dans les tranchées, je ne sais quelle racine de la France. Vous vous rappelez le Message de notre Université, où nous déclarions nous battre pour Rodin, pour Degas, pour Debussy... Il est trop tard. Tous trois sont tués...

Je suis venu de New-York sur le même bateau que Leslie. Le capitaine m'a pris pour lui et vingt fois m'a demandé par quelle ligne j'étais revenu. Pas d'attaques, pas de torpilles. La seule alerte fut un homme à la mer, qui sans se débattre, sans plonger, mourut noyé aussitôt comme si l'eau dans ces parages était seulement empoisonnée ; je le voyais flotter sur

le dos, autour de lui la lumière de la lune apaisait les flots
comme l'huile autour d'un navire en péril, et de son corps
nous pouvions à loisir sauver mille pensées, les transborder
sans même les mouiller jusqu'à nous. Toutes les fois qu'un
peu de mort, un peu de sang ouvre la terre, il en sort à la
fois toutes les pensées que j'aie eues, une à peu près par
an, depuis que je vous connais, et ce noyé m'ouvrait l'océan,
jumeau de quel cœur. Il flottait, et la bouée que j'avais lancée
auprès de lui paraissait de plomb. On le repêcha, rien ne put
le ranimer, on dut le rejeter le soir, mais cette fois avec un
poids de fonte... Ce fut tout, la traversée ne fut plus que
banale ; c'est-à-dire que le soir venait, et que le soleil, un
de nos regards pris entre chacun de ses rayons, tournait
vers l'Amérique en nous tirant les yeux ; que la nuit venait,
chaque fois troublée par la folle qui s'évadait nue de sa
cabine pour attaquer celle du célèbre juriste qu'elle préten-
dait cacher un chat-tigre sous son lit, et le matin me ré-
veillaient les engagés arméniens qui partaient délivrer
l'Arménie par Jérusalem, Damas et Diarbekir et qui chan-
taient la *Marseillaise* en leur langage. Du pont supérieur,
nous les voyions jouer à leur jeu national, qui est saute-
mouton, celui qui était courbé gardait parfois à la main sa
cigarette allumée, se refusait à la poser malgré les rumeurs,
et cela rendait le jeu, s'il est possible, plus homicide encore.
Ils étaient équipés à neuf pour tout ce qui coûte moins cher
aux Etats-Unis, chaussures, ceintures, cols, mais de haillons
pour tout ce qu'ils savaient trouver à meilleur compte en

 Europe, les chaussettes, les chapeaux, les chemises ; et, la nuit, ils parvenaient à graver sur le bastingage, les patrouilles jamais n'en purent saisir un seul, des dessins de cornues, de tubes contournés et renversés, qui étaient leurs noms debouts, à part l'inscription sur la cabine du capitaine, qui était la légende d'Adam... Puis, de ma chaise, je voyais des vagues doucement se déplier, une jaune et rouge, une verte et jaune, et me rendre le secret donné à l'aller par le bateau espagnol, le bateau brésilien. Le commissaire du bord me terminait l'histoire qu'ils avait commencée à Leslie, et toutes choses, et le lever du soleil lui-même, et le phare de Royan, et Bordeaux avec ses flèches, et depuis tous les petits bourgs de France me disent la fin ou la morale de je ne sais quel mystère dont j'ignorerai toujours le début.

Puis j'ai traversé la Guyenne, l'Angoumois. De Bordeaux à Paris on aperçoit tous les vingt miles, découpée sur l'horizon, ou décalquée, quand il pleut, aux endroits les plus solitaires, une image américaine ; inactifs comme les marins sur un radeau, des forestiers glabres, assis sur une clairière ; des nègres usant les uniformes de la Sécession et construisant les hangars avec mille précautions car ils ne sont pas encore assurés sur la vie. Je connus Montrichard, dans la Touraine, patrie des cuisiniers, et, venus en permission saluer mon aubergiste il y en avait trois, celui du tsar, celui de l'empereur de Siam, et le chef de l'Hôtel des Voyageurs à Auxerre, que tous respectaient. Je connus cette ville, garde-meubles aussi d'églises et de châteaux, où attendent leur

ordre de transport tous les Américains qu'on renvoie en
Amérique, parce qu'ils sont malades, ou en disgrâce, ou en
surnombre dans leur grade, et Français, Françaises sont
vraiment hospitaliers, car ils les soignent comme on le
fait ailleurs des Américains qui arrivent. M'écartant parfois
de la grande ligne, j'arrivai par embranchement dans ces
villages encore solitaires où notre intendance, comme un
insecte pour ses futures larves, est allée déposer du maïs,
des balles de coton, des farines d'avoine là où naîtront
des régiments, des compagnies américaines, et je levais la
tête des gamins qui déjà balbutiaient l'anglais. Parfois il
y avait le feu, tous s'y précipitaient, les soldats combat-
taient l'incendie avec leurs mains, avec leurs haches, entourés des épouses, des enfants, des blessés, qui tous les
encourageaient sans pitié pour les belles flammes, comme si
c'était la guerre qui sortait là soudain et qu'il fallait étouffer.

Je ne vous dirai pas ce qu'est Paris. On a couvert avec
des sacs de sable tout ce qui vaut, m'a-t-on dit, d'être
admiré, et j'ai rencontré Mason, le professeur d'art à Albany,
qui essayait de voir par les interstices. Privé de toutes
ses beautés, Paris est la plus belle ville du monde; je passe
près de chaque amas de sac intimidé, comme en lisant le
Chaucer où mon oncle puritain avait barré d'encre indé-
lébile toutes les métaphores ; je passe près de la Danse, près
de la Marseillaise voilées en détournant la tête, mais le cœur
vers elles, comme près d'un charme, d'un attribut secret
de Paris. Dans la rue des passants portent une poussière

120 blanche sur les épaules, c'est qu'ils ont été dans la cave à cause des gothas, et le Sacré-Cœur tout entier en sort chaque matin, aveuglant. Chacun surveille sans haine la lune et ce trou d'argent qui chaque soir s'agrandit, comme si la plus grande torpille allait passer par la pleine lune et

l'on évite de se mettre en dessous. Je vis un avion s'abattre un jour d'alerte sur la place de la Concorde, l'aviateur en sortir, marcher trois grands pas, un petit, et mourir en fantassin au centre exact de sa ville, du devoir. Le canon tonne : suivant les trottoirs nord-est à cause de la pièce géante, les rues sud à cause des courants d'air, avec des écarts sud-ouest-nord-sud pour éviter les pensionnats de garçon, des files de fillettes en capuchons gagnent les catacombes. C'est alors que je vais voir Hélène Grandin.

Car, je vous en dois l'aveu, Leslie s'est fiancé à son passage dans Paris. Lui qui recula toute sa vie devant le mariage dans le pays où l'on s'engage en un jour, en France où tout est convention et attente en un jour il a trouvé sa femme. Hélène habite deux chambres d'où l'on aperçoit à peine la

rue, mais, du débarras, en posant un tabouret sur une chaise 121
et la chaise sur le fauteuil, par une lucarne on voit tout
Paris. Elle me reçoit sans chagrin, sans prévenance. Rien en
moi qui l'émeuve, qui l'attire. O légère Gladys, ô indécise
et qui nous avez cru semblables, elle ne remarque pas que
nous étions jumeaux, elle n'a vu dans Leslie que ce centième
de corps, ce centième d'âme par quoi il différait de moi, elle
ne l'a aimé que par ce qui toujours vous sera inconnu ; et
j'ai enfin le sentiment, non pas qu'une part de mon être,
mais un être entier avec Leslie est mort. Je lui prends la
main, ma main tremble. J'éprouve toujours l'angoisse, près
d'une femme d'un autre pays que le mien, de voir une femme
d'un autre siècle. Je ne peux découvrir ce qu'il y a du présent
dans Hélène, elle est du siècle passé, du siècle prochain. Je
regarde ses yeux, mes yeux me piquent. Tout ce qui est sans
couleur et terne dans la chambre devient étincelant dans ses
prunelles, les rideaux sombres, les meubles sombres, et tout
ce qui est éclatant y devient terne et voilé, des couverts d'argent, le soleil. Entre le soleil tout noir et un chapeau de deuil
qui étincelle, je vois le visage de Leslie flotter, sourire. Je dis
à Hélène que je suis fiancé, que vous vous appelez Gladys,
que ma famille est la sienne, et Gladys égoïste sa sœur géné-
reuse. J'engage pour cette orpheline nos biens et l'Amérique
entière, et même ce qui nous appartient à peine, car je lui
décris le Grand Cañon, les Buildings, le parc de Yellow-
stone comme si je les lui offrais. J'insiste.

— Oui, répond-elle...

Que veut dire oui en français? Oui veut-il dire que le Grand Cañon est trop désert, qu'il faut le combler d'éléphants, de lions ; que les Buildings sont trop blancs, qu'il faut les peindre en rouge, en argent?... Oui veut-il dire que l'on voit Gladys telle qu'elle est ce matin d'avril, agitée sur notre côte Pacifique, commandant ses amies à cheval sur les chevaux de bois flottants et dirigeant la houle? Oui veut-il dire que la vague arrive, que Gladys tend les épaules, ferme de la main

sa bouche riante, car l'idée ne lui vient pas de ne pas rire? Oui veut-il dire que l'on accepte tout cela, que l'on refuse? J'ai honte soudain des pays heureux. Je parle à Hélène de la gloire, de la beauté qu'il y a à mourir pour son pays, pour une femme, et, c'était le cas de mon frère, pour deux femmes, pour deux pays. Elle secoue lentement la tête, de gauche à droite :

— Oui,... fait-elle.

Adieu, Gladys. J'ai rejoint la brigade de Leslie et tout un jour je suis resté au poste de son général. C'était un carrefour, sur lequel des camions, des compagnies fatiguées

s'arrêtaient d'elles-mêmes comme des locomotives sur une
plaque, et soufflaient, attendant qu'elle tournât. J'attendais
Farnsworth, celui que vous appelez Lunettes à cause de ses
énormes prunelles, qui semble un Cyclope étonnant, un
Cyclope à deux yeux, et qui a vu de ces immenses cercles
mourir Leslie. J'attendais avec le chien du major qu'on ne
laissait point ce jour-là faire la chasse aux obus, car on crai-
gnait des obus asphyxiants, et le major seul courait pour arriver premier aux blessés. Je vis passer l'avion de notre ami
Thaw qui tous les jours va planer une minute à trois mille
cent deux mètres au-dessus d'un village ennemi, point
exact, hauteur exacte où pour la dernière fois fut aperçu
son ami Morton, disparu, et comme si c'était là-haut à un
mètre près qu'on dût le retrouver. On apportait des morts
tués par les gaz. Des soldats avec crainte délaçaient le
masque, par crainte de trouver un ami, — plus triste encore
de découvrir un visage pour tous méconnaissable. J'aidais
à les porter ensuite à l'ombre, à l'écart, près de ces renflements
ou de ces creux de la terre qui semblent faits, par leur forme,
pour tenir un corps étendu, et dites à l'Amérique que tous
les tués de la septième brigade ont été ce jour-là enterrés
dans le bon sens. Parfois le vent nous jetait au visage,
comme une mitrailleuse, des gouttes dures de pluie ; nous
frissonnions, découverts par une fausse mort. Des Français
passaient le visage nu, à côté de nos artilleurs masqués, et
nous comprenions qu'ils étaient dans leur air, que nous nous
battions près d'eux comme des scaphandriers près des génies

124 des eaux et ce soir encore, dans ce petit parc, près de ce petit clocher, je me sens un masque, et je prends, pour l'arracher, mon visage dans mes deux mains.

O Gladys, vous rappelez-vous cette gouvernante qui nous obligeait à la fin de chaque lettre, en post-scriptum, de définir un des mots qui honorent les hommes, le mot loyauté, le mot éternité, et je fus privé de dessert une semaine pour avoir décrit, dans la lettre à notre évêque, le mot Gladys. Voulez-vous aujourd'hui le mot Nostalgie, le mot Tristesse, sont-ils de ceux qui vous honorent ? J'ai vu Farnsworth. Leslie, toujours ennemi de l'emphase, a trouvé un prétexte à mourir pour la France. Il était venu aux tranchées les poches pleines d'oranges, car Farnsworth les aimait ; son ami était devant les lignes en patrouille, cerné, il le rejoignit en rampant, le sauva de trois Allemands, mourut pour la plus belle cause, mais à propos d'un ami, et il eût même le temps de lui donner une dernière orange, car il avait lancé les autres ses grenades épuisées. O Gladys cruelle et rose, pourquoi faut-il que le mot Bonheur soit le seul, aujourd'hui que j'aie envie de vous décrire? Le Bonheur Gladys, est l'accord entre tous les hommes, chacun, le nègre aussi, comprenant les plus grands ; le bonheur est de sentir son âme immense et au centre son corps minuscule comme un noyau ; de voir recommencer, mais cette fois comme s'ils étaient faits pour vous seul, à votre seule intention, tous les gestes qu'on a vus sans les comprendre un quart d'heure plus tôt, quatre soldats amis des requins, des Saxons, lever

leurs verres entourés d'ombres de lauriers, s'asseoir autour 125
d'un tronc d'arbre coupé en étendant les mains vers lui
comme les fakirs autour d'une graine qui va devenir tout à
l'heure palmier ; de voir, sans que rien en ce monde puisse
l'expliquer, l'Américaine soudain donner à boire, la Française, à manger, deux grands pays changer leur but et leur
fonction par simple bienveillance, et, suprême bonheur,
de voir un canard, ses ailes ouvertes, plus lent que le courant lui-même, balayer, pour en enlever la poussière, le ruisseau étincelant.

LA PREMIÈRE ÉDI-
TION DE CET OUVRA-
GE, DONT IL FUT TIRÉ
30 EXEMPLAIRES (A-
AE) SUR PAPIER A
LA FORME DU JAPON
& 500 (I-D) SUR PA-
PIER DE MONDEURE,
FUT ACHEVÉE SOUS
LES PRESSES DE LA
MAISON FRAZIER-
SOYE, A PARIS, LE
29 SEPTEMBRE 1918.

1,352

* 9 7 8 2 3 2 9 7 7 7 0 2 3 *